日本共和主義研究

「九条」の思想がサンマリノに生きている

堀内　哲

同時代社

日本共和主義研究――「九条」の思想がサンマリノに生きている／目次

第一章　キーワードは「直接民主主義」と「共和制」

二〇一二年、大飯原発の再稼動を契機に始まった毎週金曜日の脱原発国会包囲運動。参加者は一五万人とも二〇万人ともいわれる。関西ほかの地域でも、電力会社や原発前で抗議行動が行われていたことから、全国で延べ一〇〇万人を超える人々が脱原発デモに参加したことになる。

かつてない規模での抗議行動について、「六〇年安保以来」とか、アラブに触発されての「あじさい革命」という表現がなされた。いっぽうで「一過性のもの」「着地点が見えない」といった冷ややかな声も聞こえる。

これとともに、東京・大阪・静岡各地で、「脱原発国民投票」運動が始まった。脱原発デモと「国民投票」運動は質的に類似するものがある。実質的に連動している部分もある。

このように、現在の脱原発運動は、民衆が議会を超えて直接的に行動し始めた点で、かつての反安保闘争やイラク反戦運動と質量ともに違う点が見られる。そこで、本書では、この両者について、「直接民主主義」そして「共和制」の視点から分析を試みた。

ここ数年、内閣が一年ごとに代わっている。明らかに議院内閣制は弱体化している。野田内閣の支持率低下と反比例するかのように、国会前の民衆が増加していった。国会前の人々は、原発の恐怖と平和や命の大切さを切実に求めている。それと同時に、議会制民主主義に対する不満も感じている。脱原発を自分の問題と考え「自分のことは自分で決めたい」という、大衆の直接的な意思決定要求の萌芽を見る。

いっぽうで、これと同時期的に、改憲＝憲法改悪の動きが、静かに「再稼動」した。

四月一二日、発表された自民党の新憲法「改正」草案では、「象徴天皇制の維持」を変え、天皇を「元首化」することが謳われている。これに加え、日の丸・君が代の「尊重」も加憲条項にある。

従来、改憲反対の論議は、九条二項の戦力不保持と交戦権に集約されてきた。しかし、改憲の本質は、九条論を越え、天皇の元首化をめぐる、あらたな段階に移行した。

そして、年末の総選挙では、改憲と「国防軍」の創設を公約にした自民党が勝利し、政権に復帰した。これに加え、核武装論者・石原慎太郎と、天皇元首化論者の橋下徹を中心とする日本維新の会が大幅に議席を獲得。改憲に向けた歯車は一気に加速する予兆がある。

いままでの憲法改悪反対運動では、第一章（天皇条項）について「運動が割れてしまう」という理由で論議と位置付けを意識的に避けてきた。しかし、自民党だけでなく、みんなの党、日本維新の会など、諸政党が軒並み天皇の元首化を主張している。天皇元首化問題について、もう、「見て見ないフリ」をしている余地はない。反改憲運動として、第一章の問題を、どのように位置付けるか。その真価が、いよいよ問われている。

二〇一一年、私は、この問題について、ドイツ文学者の池田浩士さん、現代思想研究者の杉村昌昭さん、作家の平井玄さんの協力を得『いま、共和制日本を考える―九条を一条に』（第三書館）を発表した。これに合わせて、各地で講演会や討論会を開催した。改憲で「共和制」を主張することに少なからぬ反響があった。また、ジャーナリストの山口正紀さんも「九条を一条に」という演題で各地を講演しておられる。

ところが、いまだに護憲運動は第一章についてきちんとした論議をしていない。九条や二五条も重要だが、天皇元首化の危うさの問題を放棄してはなるまい。改憲を機に「共和制」論議が、少しずつ起こり始めていることも、視野に入れるべきだろう。

いままで、日本における「共和制」「共和主義」について、まともに取り上げられたことはほとんど無かった。共和制論議をするたびに「共和制は日本に合わない」「時期尚早」がコダマのようにかえってくる。はたして、本当に日本に共和制は「向かない」のか？

残念なことに、九条を一条にすることが「非現実的」とか、いま、共和制を主張することが「奇を衒ったもの」と誤解する方も多い。

そこで、今回、この問題について、世界の憲法を探してみたところ、本当に「九条を一条に」した憲法をもつ国があることが判明した。イタリア中部に位置する小国家・サンマリノ共和国である。

これに加え、日本における共和思想の検証を試みた。横井小楠、中江兆民、植木枝盛といった思想家たちは、明治維新や自由民権運動といった歴史の結節点で天皇（制）を、どのように考えたのか？内・外二つの視点から、改憲に直面する二〇一三年時点での日本共和制の可能性について分析した。

例えば、戦後、日本国憲法と同時期に、共産党が「共和国憲法試案」を発表したのは知られている。

しかし、これとともに、NHK会長を務めた経済学者の高野岩三郎が「共和制憲法試案」を発表したのは、あまり知られていない。そこで、この埋もれた高野試案に六七年ぶりに光をあててみた。同草案は、天皇制廃止だけでなく個別問題の国民投票も明記されている。一九四六年の視点から、脱原発の国民投票の問題を考察するのもユニークではないだろうか。「本邦初」の共和思想史の編纂である。

原発事故。オスプレイ配備。そして改憲。バラバラに切り離された諸課題を結びつけるキーワード、それが「直接民主主義」「共和制」のような気がしてならない。

いま、日本の民主主義が正念場を迎えている。本書を契機に、本格的な第一章の是非と「直接民主主義」論議を望みたい。

第二章　検証・憲法第九六条二項——憲法に組み込まれた公式令

二〇一二年四月、自民党は新たな改憲案を発表した。

二回目となる改憲案では、戦力不保持と交戦権否定の九条二項改憲に加え、第一条で象徴天皇制に替えて「天皇元首化」を明記している。

そして同年末の衆院選挙では改憲と国防軍の創設を公約に掲げ勝利。政権復帰を成し遂げた。改憲に向けて、憲法九六条の改憲発議の国会議員三分の二条項を、過半数にハードルを下げろと主張し始めている。

しかし、九六条の問題は三分の二条項だけでない。九六条二項には「天皇条項」が存在する。九六条二項はどのような意味を持つのか？　憲法制定前夜の一九四六年に遡って検証を試みた。

憲法・君臣一体の図

憲法前文の前には「上諭・御名御璽」が書かれている。この上諭・御名御璽について、日本の法律学者は、憲法と無関係とする学説をとってきた。

これに対し、私は上諭・御名御璽は憲法を構成する部分であり、大日本帝国憲法と日本国憲法をつ

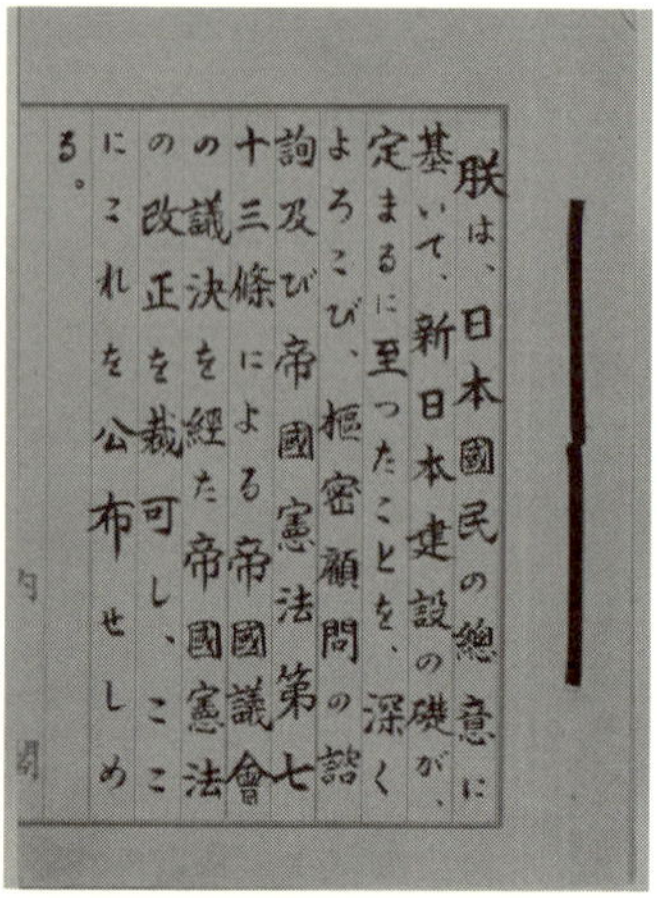
朕は、日本國民の總意に基いて、新日本建設の礎が、定まるに至つたことを、深くよろこび、樞密顧問の諮詢及び帝國憲法第七十三條による帝國議會の議決を經た帝國憲法の改正を裁可し、ここにこれを公布せしめる。

「日本国憲法」上諭

など「結び目」である、との見解を発表した（『天皇条項の削除を！』ＪＣＡ出版）。そのことを確認すべく、かねがね、憲法の原本を見たいと考えていた。内閣府にその旨を質したところ、竹橋の国立公文書館で原本のコピーを見ることができるという。そこで、公文書館に赴き、日本国憲法のコピー（マイクロフィルム）を見ることができた。以下はそのレポートである。

憲法は、まず、見開きの頁の左上部に手書きの細い字で　日本国憲法　と書かれている。

次に、「朕は――」に始まる墨書きの上諭が二頁に亘って記され、年月日と天皇の署名（御名）と、天皇璽印（御璽）が押されている。そして、御名御璽と同頁に、内閣総理大臣兼外務大臣　吉田　茂と、国務大臣男爵幣原喜重郎の署名がある。

頁は代って、司法大臣木村篤太郎以下の大臣の職名と署名が記載されている。

その次の頁から、ようやく「日本国民は――」から始まる「前文」が出てくる。そして第一章　天皇以下の条文が記載されている。

興味深いのは、上諭・御名御璽・閣僚名簿が墨書き（手書き）されているのに対し、前文と条文は活字で印刷されている点である。

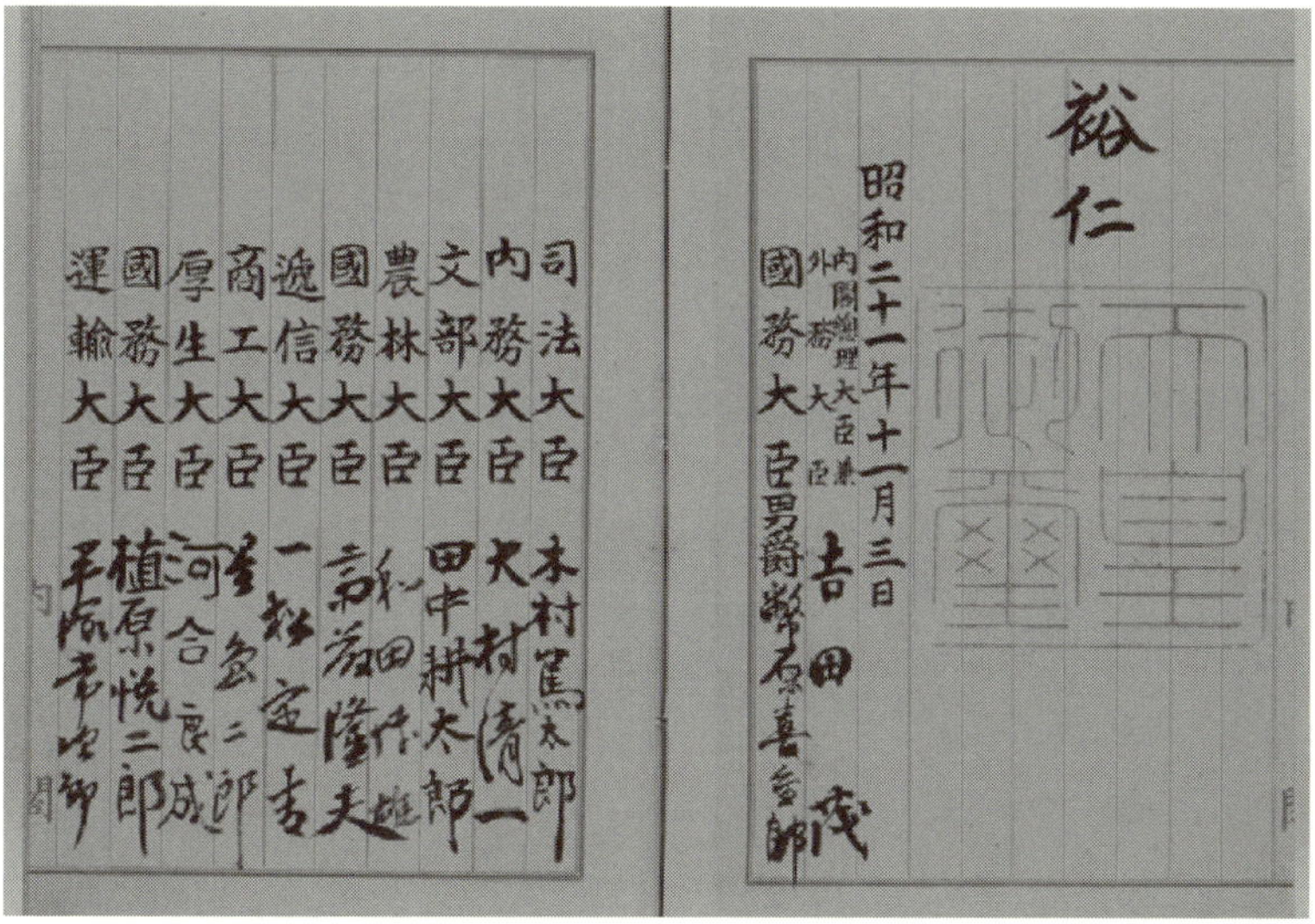

「日本国憲法原文」御名御璽と閣僚署名

上諭と御名は筆跡が同じであり、天皇裕仁自身が書いた真筆である。

また、内閣総理大臣以下の職名も上諭・御名と筆跡が瓜二つであることから、裕仁自身が書いたことがうかがえる。職名を閣僚任命者である天皇裕仁が手ずから書き、氏名だけを吉田茂以下の大臣に書かせている。

その書体は決して流麗ではないが、太く、大きく、しっかりと、丁寧に書かれている。慎重な筆遣いが伝わってくる。

たかが書式と言うなかれ。

上諭・御名御璽・閣僚名簿そして前文・条文。その「序列」は、憲法制定の主導権を誰が担っていたかを示す「力関係」を意味する。天皇裕仁は、閣僚の職名をも、手ずから墨書することで、最後まで「朕」が日本国憲法の裁可者であることを後世に示そうとしたのである。

天皇裕仁は、細部にまでこだわって、日本国憲法と同一化しようとした。その背景には、戦争放棄の憲法九条を盛り込んだ「平和憲法」の「作成者」としての自分をアピールすることで、戦争責任の追及から逃れようとする、必死の心理が作用している。

天皇裕仁は、太平洋戦争の開戦を決めた、いわゆる「聖戦の詔勅」にも署名している。この書式と比べてみると、天皇裕仁の署名と押印（御璽）が高々と最上段に書かれて、余白を大きく残しているのと対照的に、内閣総理大臣東条英機以下の閣僚署名は、御名御璽と別の頁の一番下に書かれている。

このほか、ポツダム宣言受諾の詔勅を確認してみたが、やはり署名の頁は天皇と内閣総理大臣兼男爵鈴木貫太郎以下の閣僚は別であり、名前の位置も上下大きく差がつけられていた。

詔勅に書かれた天皇と閣僚の署名の位置は、日本国憲法と、それ以前の詔勅とで明らかに違っている。この距離感の違いは、一体、どこに由来しているのか？

憲法公布から遡ること一一ヵ月前の一九四六年一月一日、天皇は自らの神格化を否定する詔勅、いわゆる「人間宣言」を出した。

大日本帝国憲法では、天皇は「神聖にして侵すべから」ざる存在であった。「人間宣言」以前の詔勅に、御名御璽と「臣民」の代表である内閣総理大臣以下の閣僚署名が同頁に記載されないのは、「現人神《あらひとがみ》」と「臣民」の「格差」を意味した。内閣総理大臣でさえ、天皇の「御稜威《みいつ》」は畏れ多いものであった。「いやしくも臣民が陛下と並んで署名することは畏れ多い」と彼らは「慮って」、はるか下座に署名した。

これに対し、日本国憲法の御名御璽では、内閣総理大臣兼外務大臣吉田茂と前総理大臣で副総理格

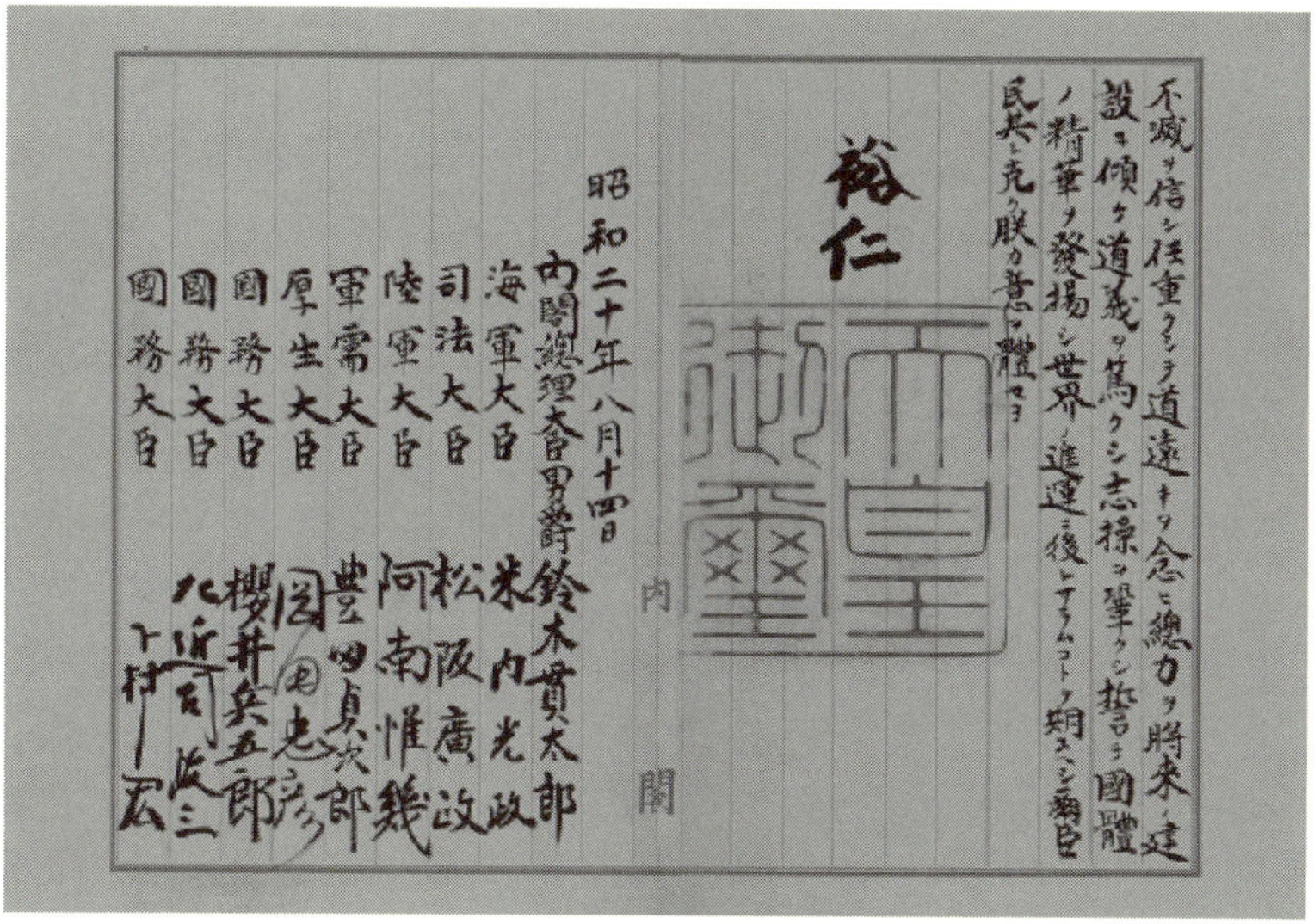
不滅ヲ信シ任重クシテ道遠キヲ念ヒ總力ヲ將來ノ建
設ニ傾ケ道義ヲ篤クシ志操ヲ鞏クシ誓テ國體
ノ精華ヲ發揚シ世界ノ進運ニ後レサラムコトヲ期スヘシ爾臣
民其レ克ク朕カ意ヲ體セヨ

裕仁

天皇御璽

内閣

昭和二十年八月十四日
内閣總理大臣男爵　鈴木貫太郎
海軍大臣　米内光政
司法大臣　松阪廣政
陸軍大臣　阿南惟幾
軍需大臣　豊田貞次郎
厚生大臣　岡田忠彦
國務大臣　櫻井兵五郎
國務大臣　左近司政三
國務大臣　下村宏

「終戦の詔勅」御名御璽　日本国憲法と比較して閣僚との距離感の差が歴然としている。

として吉田を補佐していた国務大臣男爵幣原喜重郎の署名は、下部ではあるが天皇と同じ頁に署名する栄誉を叙している。

天皇の側からは「人間宣言」をしたことによって、「国民」の代表である首相・副首相と同一化を図ろうとしたことが推測される。

何といっても吉田・幣原両名は皇統の断絶の危機に直面した「国体」を守ってくれた「股肱の臣」「功臣」である。天皇も、さすがにこの両名だけは隅におけず、自分と並んで署名をさせる栄誉を与えたとも推定できる。

裕仁天皇は「人間宣言」とそれに続く「全国巡幸」によって、「国民」と直接触れ合い、内外に国民との距離感を縮めようと印象付けた。だが、それと同時に、天皇―総理大臣―ヒラ大臣―国民と「序列」を設けることも忘れていなかった。司法大臣木村篤太郎以下のヒラ大臣は別の頁に署名させ、天皇を中心とした「格」と「序列」を明らかにしている。

上諭・御名・閣僚名簿が重々しく墨書きであるのに比べ、「日本国民」から始める前文と条文は、軽い印象を受ける活字で印刷されている。その違いは、憲法の原本を見るものに「天皇」と「国民」の「格差」を印象付けている。

※実際に裕仁が真っさらな罫紙に日本国憲法の上諭と署名を記入する写真が残されている（一九四六年一一月三日、日本国憲法の公布にあたり署名される昭和天皇）。『日本国憲法の誕生』（西修　河出書房『戦後詔勅集』（海燕書房）参照。

※明治四〇年「公式令」第一条では、宮内大臣が年月日を記入することが定められていた。しかし、宮内省は一九四五年一一月にＧＨＱ指令で廃止されている。天皇が自筆で詔勅に職名まで書いたのは宮内大臣がいないことも理由の一つに挙げられる。

※以後、現在に至るまで首相と天皇は公文書で同じ頁に署名している（上諭・御名御璽）。

憲法に入り込んだ「公式令」

なぜ、憲法に上諭・御名御璽が書かれたのか？

法的根拠となっているのが、明治四〇（一九〇七）年に勅令で施行された「公式令」である。公式令は、公式文書の形式を定めたもので、当時、枢密院の議長だった伊藤博文が作成したといわれる。

　公式令第三條　帝國憲法ノ改正ハ上諭ヲ附シテ之ヲ公布ス
　前項ノ上諭ニハ樞密顧問ノ諮詢及帝國憲法第七十三條ニ依ル帝國議會ノ議決ヲ經タル旨ヲ記載シ親署ノ後御璽ヲ鈐シ内閣總理大臣年月日ヲ記入シ他ノ國務各大臣ト倶ニ之ニ副署ス

天皇主権の大日本帝国憲法にも、憲法改正の条文がある。

　第七章　補則　七十三条　将来此ノ憲法ノ条項ヲ改正スルノ必要アルトキハ勅命ヲ以テ議案ヲ帝國議会ノ議ニ附スヘシ
　二　此ノ場合ニ於テ両議院ハ各々其ノ総員三分ノ二以上出席スルニ非サレハ議事ヲ開クコトヲ得ス出席議員三分ノ二以上多数ヲ得ルニ非サレハ改正ノ議決ヲ為スコトヲ得ス

この七三条を補う役割をもっているのが「公式令第三条」である。

主権在民の日本国憲法と違い、大日本帝国憲法では帝國議会と貴族院両院各々三分の二以上の議決で憲法改正が可能となっている。国民投票（臣民投票？）は不要であり、その点では現行憲法より改憲のハードルは低い。だが、憲法改正の発議は、天皇の勅命がなければ議事に附することが出来ない。ここでも天皇の主導によって改憲が発議されることが明記されている。

そして、議会によって改憲が決定したことを「臣民」に「公布」することを、天皇の権限として定めたのが「公式令」である。

大日本帝國憲法下では憲法改正について①「第七十三条」によって天皇が発議→②「第七十三条二」で帝國議会が議決→③「公式令」で臣民に公布、の三段階の手続きが必要となっている。

これに従って、日本国憲法も、大日本帝国憲法の「改正」の三段階の手続きを踏んで成立している。良心的な法学者には、両憲法が本質的に断絶していると主張している人がいる。だが、終戦後、大日本帝国憲法は、憲法停止もしくは憲法廃止されることがなかった。そのため、少なくとも形式上・手続上は、両者の間に法的断絶はない。従って、大日本帝国憲法から日本国憲法への移行手続きも、公式令が適用されることになった。

一九四七年、公式令は、廃止された。しかし天皇は憲法第七条一に基づき、あらゆる法律と政令、条約に署名し、押印を附すことを、今も慣例的に行っている。上諭・御名御璽がなければ「公式文書」として認められない。「公式令」は百年以上たった今も、私たちを束縛し、生き続けているのである。

それに加えて、憲法改正にあたって天皇の署名と押印が必要であることが、日本国憲法に書かれている。「公式令」は、単なる法令から上位法である憲法に格上げされ、憲法に入り込んでしまったのである。

憲法九章　改正について、次のように記されている。

九六条二項　憲法改正について前項の承認を経たときは、天皇は、国民の名で、この憲法と一体を成すものとして、直ちにこれを公布する。

共和制の避雷針・憲法九六条二項

一体、だれが、この条文を憲法に入れたのか?

一九四六年一月四日、憲法問題調査会委員長の松本烝治国務大臣は憲法改正私案（松本私案）を作成している。

この私案は、第三条で「天皇ハ至尊ニシテ侵スヘカラス」と天皇主権を認めている。さらに第一一条「天皇ハ軍ヲ統帥ス」と天皇の統帥権まで明記しており、大日本帝国憲法の影響を色濃く反映していた。

この松本私案の、第七三条に「天皇ハ帝国議会ノ議決シタル憲法改正ヲ裁可シ其ノ公布及執行ヲ命ス」と記されている。文章の内容が憲法改正に際しての天皇の役割を明記した公式令第三条と似ていることから、この条文が「公式令」を念頭に作成されたことが推測される。

同じく一月四日、松本と同僚の憲法問題調査委員・宮沢俊義も私案を作成している。

宮沢私案は「甲案」と「乙案」の二つに分かれている。

まず、甲案では、第二条「天皇ハ君主ニシテ此ノ憲法ノ条規ニ依リ統治権ヲ行フ」として、天皇の統治権を認めている。第四条（別案）では「何人モ天皇ノ尊厳ヲ冒涜スルコトヲ得ス」とし、松本私案とは表現は違うが、ここでも天皇の地位が尊いものであることを明記している。ただし、甲案には軍隊に関する条文はない。その点に、憲法九条の戦争放棄につながる平和主義の原点を見出すことができる、と戦後の法学者は解釈している。

甲案・第七三条にも、やはり「天皇ハ帝国議会ノ議決シタル憲法改正ヲ裁可シ其ノ公布及執行ヲ命ス」と、松本私案と全く同じ条文が書かれている。条文の番号も、大日本帝国憲法第七三条と同じになっている。

後年、宮沢は「八月革命説」で日本国憲法と大日本帝国憲法が全く別の憲法であって、両憲法は断続していると主張した。だが、この時点では宮沢は旧憲法を部分的に新憲法に継承することを考えていたことが指摘できる。

ちなみに、宮沢私案の乙案では、第一一条に「天皇ハ軍ヲ統帥ス」とあり、松本私案と同じく大日本帝国憲法に類するものであった。

松本・宮沢を中心とする憲法問題調査会の主流メンバーは、戦前「天皇機関説」を唱えた美濃部達吉の影響を受けていた。彼らにとって、天皇制の維持は最優先課題だった。こうして、松本・宮沢両私案第七三条は、日本国憲法第九六条二項の雛型となった。

一ヵ月後の二月一日、毎日新聞紙上で、憲法問題調査委員会の試案が発表される。この試案は宮沢私案・甲案をベースにしたもので、天皇の統治権は認めるが軍隊と統帥権は削除した、やや民主的かつ平和的な内容である。引き続き七三条で「天皇は帝国議会の議決したる憲法改正を裁可し其の公布及執行を命ず」が明記されている。

しかし、マッカーサーは、憲法を担当していた民政局に草案の作り直しを命じた。冷戦の開始でマッカーサーは天皇制の存続利用を考えていた。だが、あくまでもＧＨＱのコントロールの範囲内であり、それを逸脱する天皇主権はアメリカにとって受け入れがたいものだった。

リベラリストが多かった民政局では、憲法調査会試案の露骨な天皇色を払拭し、主権在民と基本的人権の尊重、戦争放棄を明記した平和主義を盛り込んだ草案を提示した。

民政局で作成した当初の草案には天皇に関する条項はなかったとされる。しかし、天皇の政治利用を考えていたマッカーサーは、最終段階で天皇条項を入れるよう指示した。これが二月一三日に発表された「マッカーサー草案」と呼ばれるものである。象徴天皇制は、この時、憲法に挿入された。そして、マッカーサー草案には憲法改正について次の条文が挿入されていた。

第九章　改正　第八十九条　此ノ憲法ノ改正ハ議員全員ノ三分ノ二ノ賛成ヲ以テ国会之ヲ発議シ人民ニ提出シテ承認ヲ求ムヘシ人民ノ承認ハ国会ノ指定スル選挙ニ於テ賛成投票ノ多数決ヲ以テ之ヲ為スヘシ右ノ承認ヲ経タル改正ハ直ニ此ノ憲法ノ要素トシテ人民ノ名ニ於テ皇帝之ヲ公布スヘシ

第十一章　承認　第九十二条　此ノ憲法ハ国会カ出席議員三分ノ二ノ氏名点呼ニ依リ承認セラレタル時ニ於テ確立スヘシ　国会ノ承認ヲ経タルトキハ皇帝ハ此ノ憲法カ国民ノ至上法トシテ確立

セラレタル旨ヲ人民ノ名ニ於テ直ニ宣布スヘシ（いずれも外務省訳）

八九条の憲法改正について、三分の二の国会議員が発議する点は民主的である。だが、皇帝＝天皇の名によって公布することは、ここでも明記されている。ちなみに原文では amendments when so ratified shall immediately be proclaimed by the emperor, in the name of the people, as an integral part of this constitution. と書かれている。

さらに、九二条では、憲法改正が決まった場合、皇帝＝天皇が「人民の名で」宣布すると明記され、民衆の意思とは関係なく、天皇と国民の一体化が図られている。ここでも the emperor shall immediately proclaim, in the name of people. の表現が使われている。

マッカーサー草案は、日本国憲法の骨格を決定づけた。この要綱を基に現在の日本国憲法の原案となる草案が作られた。作成したのは、当時、内閣法制局第一部長だった佐藤達夫と法制局次長の入江俊郎といわれる。

三月六日、日本政府は「憲法改正要綱」を発表する。同日、マッカーサーも、この要綱の支持を表明している。

日本国憲法草案の第九章改正第九二条に「憲法改正ニ付前項ノ承認ヲ経タルトキハ天皇ハ国民ノ名ニ於テ憲法ノ一部ヲ成スモノトシテ直ニ之ヲ公布スベシ」と記された。これが後に九六条二項の原型となる。

こうして、憲法問題調査会（松本・宮沢）→ＧＨＱ（マッカーサー）→内閣法制局（佐藤・入江）

のラインを経て、憲法に天皇条項と「公式令」が刻み込まれた。

そして、最終的に九六条二項を裁可したのは、天皇裕仁だった。興味深いのは憲法改正要綱の「天皇は国民の名において憲法の一部を成すものとして直ちにこれを公布」が、「天皇は、国民の名で、この憲法と一体を成す」と、より強い表現に変えられている点である。

もともと「一体」という言葉は、マッカーサー草案にも内閣法制局案にも使われていない。しかし、憲法改正要綱は、三月六日の発表から国会に上程された一九四六年六月までの間に、条文を数ヵ所を修正している。従って、この三ヶ月間に、九六条二項の「一体」の言葉が挿入されたと考えられる。最終的に憲法草案のチェックを行ったのが吉田内閣と、上諭・御名御璽を手ずから作成した天皇であることから、九六条二項には天皇裕仁の個人の意思が反映されていることが覗える。

帝國憲法から平和憲法へ綱渡り的な憲法改定を果たした裕仁天皇は、日本国憲法の将来的な「改正」をも予想した。裕仁が最も恐れたのは、共和制憲法＝天皇制廃止だった。それを防ぐためには、一九四六年段階で布石を打っておく必要があった。それが、「天皇と国民の一体化」を謳った九六条二項である。仮に憲法が変わっても、皇室の地位を確保するためには、この一文を挿入しておけば、護憲改憲どちらに転んでも、末代まで安泰と裕仁は考えたのではないだろうか。

天皇に始まって天皇に終わる日本国憲法

従来、憲法における天皇条項について、通常は第一章（一～八条）の問題として考えられてきた。しかし、憲法の後半部分にも、天皇条項が記載されている。それが、皇室財産と皇室費用を記した第八八条と、この九六条二項、そして憲法の最後尾の第九九条である。

九九条　憲法尊重擁護の義務　天皇又は摂政及び国務大臣、国会議員、裁判官その他の公務員は、
この憲法を尊重し擁護する義務を負ふ

憲法の条文は一〇三条ある。しかし、第一一章一〇〇条から一〇三条は「補足」であり、実際の条文は一条から九九条までである。つまり、憲法は、天皇に始まって天皇に終わる構造になっている。このように、一条から九九条を通じて、憲法には、平和主義・基本的人権・主権在民の三原則のほかに、もうひとつの目的である天皇の地位保全が終始一貫していることが覗える。

たとえば、護憲派の中には、九九条をもって政治家には憲法九条を順守する義務があると主張する人がいる。しかし、九九条をもって九条を守れということは、一条から八条を守ることにもなってしまう。しかも天皇の権威を後ろ盾にすることであり、九九条を改憲反対の論拠にすることは、むしろ天皇制の強化につながってしまう。仮に護憲派が改憲反対運動で勝利しても、九九条あるかぎり、第一章に正当性を与えてしまうのである。同様なことは九六条二項にも言える。

かつて九六条は護憲派の砦だった。「憲法改正には各議院の三分の二以上の賛成が必要」である。社会党・共産党が強かった時代はそれでもよかったのだが、今や改憲派が三分の二を占めてしまっている状態だ。九六条に依拠した改憲反対運動が最早通用しなくなっている。それどころか、九六条を利用して改憲が強行される可能性の方が高いのである。

私が改憲反対とか反改憲と言うスローガンに躊躇する理由はここにある。重箱の隅をつつくような話ではあるが、憲法を細部にわたって検証しないと、二重の意味で天皇制を守ることになりかねない。

さらにいえば、公式令が形を変えて憲法に入り込んでしまったということは、明治天皇と伊藤博文—朕と臣の関係—が憲法に入り込んでしまったことを意味する。「天皇は国民の名でこの憲法と一体を成す」とは「君臣一体」の封建的な人間関係が、近代憲法の思想に混じりこんでしまっている証左である。ここに「天皇元首化」の根源がある。

多くの日本人が、いまだに国家の生殺与奪権を全面肯定し、国家を家父長化し、国家に滅私奉公的なメンタリティを持つ。その根本原因は、まさしくここに由来するといって過言ではない。

私は九条を一条にと主張した。しかし、天皇制を払拭するには第一章を削除するだけでは不十分で、八八条、九六条二項，九九条も削除しない限り、日本国憲法の完全な共和制化は不可能であることがお分かりだろうか。

戦後の民主勢力は憲法を「一字一句かえるな」と第一章を争点化しない態度をとってきた。新左翼の中にも「九条を守ることと第一章（天皇条項）を廃止することは同じ」と主張し、第一章の争点化を先送りしようとする意見がある。だが、九九条、九六条二項，八八条と憲法を最後尾から逆に読んでいくと、憲法には第一章（天皇制）を守るための様々な仕掛けがあり、それほど単純な問題ではないことも、ご理解いただけると思う。

※大日本帝国憲法は、まず、冒頭に「告文《こうもん》」という、天皇の祖先に対する誓文が記されている。そして次

に「憲法発布勅語」、睦仁署名、天皇璽印、年月日、閣僚署名の順になっている。

憲法忠臣蔵

一九四六年当時、憲法作成の実務を担った人々が背負った天皇への「忠誠心」を推測するための興味深い事実を指摘して日本共和主義研究の序論を締めくくりたい。

当初、マッカーサー草案では　第一条は、The emperor shall be the symbol of the unity of the people deriving his position from the sovereign will of the people ,and　from no other source. と書かれていた。

これを訳した外務省版では「皇帝ハ国家ノ象徴ニシテ又人民ノ統一ノ象徴タルヘシ彼ハ其ノ地位ヲ人民主権意思ヨリ承ケ之ヲ他ノ如何ナル源泉ヨリモ承ケス」と忠実に翻訳されていた。

ところが、三月六日に発表された内閣法制局作成の憲法改正要綱では、文末の「如何ナル源泉ヨリモ承ケス」が削除されてしまっている。

マッカーサーにとって、この　from no other source　の削除は、取るに足らない、瑣末な事柄だったかも知れない。英語の文法上、この一文の有無にかかわらず「天皇が人民（国民）の象徴であり、その地位は人民の主権者としての意思に由来する」という、一条の本質は変わらないからだ。

しかし、日本語の文脈では異なる。文末で、天皇の地位が、人民の主権意思以外に「如何なる源泉にも由らない」と否定形を挿入することは「象徴天皇制は人民の意思以外に存立し得ない」と、人民が「主体的」に宣言する文章にガラリと変わってくる。象徴天皇制に人民が「規制」をかけ、それ以上の存在（元首）にさせないという意思を帯びてくる。文章の構成上、きわめて重要な意味をもつ一文である。

つまり、この一文が「ある」と「ない」とでは、この後の「人民」と「天皇」の力関係が微妙に変化する可能性があった。

佐藤達夫以下当時の内閣法制局は、いち早く、この四文字の持つ重大さを察知した。そして、天皇の意図を「忖度」して削除した。将来の禍根となる四文字を削除したことは、復権を目指す天皇にとって、敗戦以来、久方ぶりの大きな「戦果」であった。佐藤達夫ら内閣法制局の天皇への「忠義立て」は、戦前でいえば「金鵄勲章」に値する「奇勲」をあげたといえよう。

後年、いみじくも吉田茂は「臣　茂」と自称した。このように、現行憲法は、吉田・幣原両名のみならず、憲法調査会や内閣法制局に至るまで、大日本帝国憲法以来の「臣民意識」を共有していた人々によって作られたのである。

憲法制定後六七年、表向きは戦後民主主義と平和主義を取り繕った憲法の数々の虚飾が剥げ落ちていった。「国防軍創設」と「天皇元首化」という「本音《ほんね》」が明らかになることで、結果的に露顕したのは、「八月革命説」が「天皇元首化」のための「マヌーバリング」「トリック」でしかなかった、という事実である。宮沢俊義が主張した「象徴天皇制の日本は実質共和制」説が、所詮は自らの「臣民意識」を糊塗隠蔽する「方便」でしかなかったことが、白日の下に曝されてしまったのである。

要綱が発表されて六七年後の今日《こんにち》、自民党の改憲案の前文では「日本国は、長い歴史と固有の文化を持ち、国民統合の象徴である天皇を戴く国家」と謳われている。引き続き第一条では「天皇は、日本国の元首であり、日本国及び日本国民統合の象徴であって、その地位は、主権の存する日本国民の総意に基づく」としている。改憲案を読む者に対し、天皇の元首化の根拠が、「国民の総意」以外に、「日本固有の歴史と文化」にも由来することを、結果的に印象付ける構成となっている。

本質的に政治制度である天皇制が「伝統文化」と混同されている点について、竹内好は「日本には一木一草に天皇制が宿《やど》る」と喩えた。この比喩は、天皇制の本質を端的に示した表現として、広く人口に膾炙してきた。左右問わず、天皇制論議の際には必ず引用される一文である。だが、私は昔から、この文学的な表現に少なからぬ違和感を覚えていた。

確かに、植樹祭で天皇が植えた「御手《みて》植樹」の類《たぐい》が各地に残る。しかし（あたりまえのことだが）草や木そのものに天皇制は宿っていない。

天皇は日本国憲法に宿る。

天皇制について、土着的な文化概念ではなく、グローバルな政治概念としての共和主義（republic）から考えてみたい。その場合、護憲派は、（当事者の主観とは別に）改憲派と同じく王党派＝ロイヤリスト（loyalist）の範疇に分類されてしまう。

かくして、上諭・御名御璽、第一章と八八条、九六条二項、九九条に刻まれた国家と天皇への忠誠心《ロイヤルティ》（loyalty）は否定されることなく、戦後民主主義を隠れ蓑に蜿蜒と生き続けた。一九世紀から二〇世紀を超え、二一世紀になって、「臣」を称した先祖の孫子《まごこ》の代に、いままた「憲法忠臣蔵」の幕が上がりはじめてしまったのである。

※二〇一二年発表の自民党の新改憲案では、第九章　改正　九六条二項は、「第一〇章　改正 第一〇〇条」に変更されている。一〇〇条二項では「憲法改正について前項の承認を経たときは、天皇は、直ちに憲法改正を公布する」と表現されており「天皇は国民と一体を成す」の表現は使われていない。

また、同じく新改憲案では、現行憲法の第九九条（憲法尊重擁護義務）は、第一〇二条に変更されている。

「第一〇二条　全て国民は、この憲法を尊重しなければならない

二　国会議員、国務大臣、裁判官その他の公務員は、この憲法を擁護する義務を負う」とあり、「天皇又は摂政」の言葉が削除されている。

前文と第一章で天皇色が前面にでたことを考慮し、一〇〇条二項、一〇二条二項では天皇色がやや抑えられている。

※九九条について、自民党の新改憲案では、新たに第九章　九八条「緊急事態宣言」が挿入され、別の問題が発生している。新改憲案九九条三では「緊急事態の宣言が発せられた場合には、何人も、法律の定めるところにより、当該宣言に係る事態において国民の生命、身体及び財産を守るために行われる措置に関して発せられる国その他公の機関に従わなければならない（後略）とあり、「緊急事態」を名目にした国家による私権を制限する強権発動（非常大権）を可能にする内容となっている。

※松本烝治（一八七七～一九五四）政治家。戦前は農商務参事官、南満州鉄道副理事、法制局長官、貴族院議員（勅選）などを歴任。一九三四年、斉藤実内閣で商工大臣を務める。戦後は幣原内閣で国務大臣として憲法担当。

※宮沢俊義（一八九九～一九七六）法学者。戦前は東京大学法学部教授、戦後は貴族院議員（勅選による）。退官後は立教大教授、日本プロ野球機構コミッショナー等歴任。

※佐藤達夫（一九〇四～一九七四）内務省入省後、主に法制局に勤務する。戦後は法制局第一部長として憲法策定に携わる。その後は、法制局長、人事院総裁を歴任。

※入江俊郎（一九〇一～一九七二）内務省入省後、法制局勤務。戦後は法制局長から一九四六年五月に貴族院議員（勅選）となる。その後、最高裁判事を務める。

第三章　概略・日本共和思想史

日本で共和制の話をすると「日本に共和制はむかない」「共和主義が伝統的に根付いていない」「日本の民衆は、まだ共和制まで『成長』していない」という反論が必ずかえってくる。

はたして、本当に日本で共和思想は皆無だったのか？　近代の思想史を遡り、その検証をしてみたい。

はじめに——共和主義の概念について

本論に入る前に、まず、共和主義・共和思想についての概念について規定しておきたい。

共和主義は、世界一般的には王制を否定する政治概念の意味で使われてきた。古くは古代ギリシャ・ローマの共和制、一七世紀～一八世紀の共和主義、一九世紀以降は共産主義・社会主義における共和主義国家の建設が模索された。

地域的にもヨーロッパのみならず、中国にも「共和時代」があった。現代の日本語における政治概念としての「共和」いう言葉は、一九世紀になって漢語（中国語）をそのまま移入したものである。

また、アメリカ先住民の酋長の会議制度を「共和制」の一形態と考える動きもある。

このように、共和主義は地域や時代によって考え方が異なる。

例えば、共和制発祥の地とされる古代ギリシャ・ローマは、非人間的な奴隷制度の上に成立した。一部の特権階級の権利に過ぎなかった政治制度を、近代の人権思想をもって「民主的な共和政」といえるのか？　近年は疑義を呈する人も多い。古代中国の共和制も然りである。

共和主義が近代の国民国家の政治形態として考えられるようになったのは一八世紀のヨーロッパである。

ルソーは君主制の否定としての共和思想を唱えた。そのいっぽうで、王権神授説と封建制を否定するために「民衆（国民）が主権を持ち、意思決定するのが共和制であり、王の在・不在は問わない」とも述べた。このように、共和主義を立憲君主制的に解釈する考えが現れたのは、封建社会から近代国民国家への過渡期的産物である。

その結果、近代人権思想に基づく国民国家は、アメリカ・フランスのように王制を否定した大統領型と、イギリス・オランダに代表される立憲君主制に分岐した。立憲君主制が共和制の一形態と解釈される矛盾はここに始まる。ルソーはフランス革命前の一七七八年に世を去ったため、この矛盾を明らかにすることはなかった。

そして、労働者民衆を解放するための人類の「壮大な実験場」とされたソビエト社会主義共和国連邦は、皇帝制度と立憲君主制を否定したものの、民主的な政治体制とは程遠い、一党独裁の悲惨な末路で崩壊した。

共和制の政治体制を経験することのなかった日本では、一九四五年の終戦を機に、天皇主権の大日本帝国憲法から国民主権の日本国憲法に改定されたことをもって「象徴天皇制は実質共和制」とする解釈が今なお学会の一部にある。

しかし、日本の内外を含めて、ほとんどの人は現在の日本の政治体制を「共和制」とは考えておらず「立憲君主制」の一形態と考えていることも、これまた共通認識である。憲法に天皇条項が規定され、形式的ではあっても天皇の政治的役割が規定されている以上、日本を「立憲君主制」の政治形態と考えるのが妥当であろう。よもや象徴天皇制のモデルともなったイギリス立憲君主制を「共和主義」の一形態と捉える向きは現代世界におるまい。現に、英連邦に属するオーストラリアとジャマイカは英連邦から離脱し立憲君主制から共和制への移行を検討している。

繰り返すが、国民主権と議会制民主主義さえあれば立憲君主制すら「共和主義」の一形態とする考えは、民主主義の定着していない一八世紀の解釈である。歴史的背景の異なる解釈を、そのまま二一世紀の現代の日本にあてはめることは、いささか無理がある。

そこで、本論では、共和主義の概念について、前提としての近代の「国民国家」を踏まえた上で、

一　政治制度としての共和制

二　直接民主主義

この二つの視点から分析を試みたい。

西暦二〇一三年現在、世界には一九六の国がある。そのうち王制国家が四四カ国、非王制国家（大統領制・一党独裁ほか）が一五二カ国。人口比率でいくと、王制国家は八％、非王制国家は九二％。世界人口のうち、王制人口は六億人。これに対し六四億人は非王制の政治体制のもとに暮らしている。

王制国家の中にも、イギリスやオランダのように議会制度や国民投票制度をもち、「共和国」を称する一部の国家よりも、はるかに人権が保障され民主的な国家がある。いっぽうでサウジアラビアのように完全な王家独裁国家もある。「共和国」を自称する国家の中にも、朝鮮民主主義共和国のように、国家の指導者を「世襲」規定する特異な体制がある。シリアのように世襲の大統領がいる国家もある。一党支配の共和国もある。

こうした例外はあるが、基本的には非王制国家の多くは国民一人一人が主権を持ち、その直接的な意思と投票行動によって非世襲・非終身・期限限定の国家元首（大統領）を選び、時には「国民投票」で政策を決定している。

現代世界では、共和主義は「王制の否定」の政治概念で定着している。一般的にも、その意味で使用されている。各国の政治体制の違いを指摘する作業はひとまず置いて、本論ではグローバルな視点に依って、非王制の政治体制をもって「共和制国家」と措定して共和制論を組み立てて行きたい。

ドメスティックな観点からは、前記のように「護憲勢力」の一部は「象徴天皇制は実質共和制」と解釈し、あえて天皇存在を憲法論から争点化させない態度をとってきた。これに対し、このような戦後憲法における天皇（制）の位置付けの曖昧さに物足りなさを感じた「改憲勢力」は「天皇元首化」を、もっとはっきりと憲法に条文化することでこの論争に決着をつけ、名実ともに日本を「立憲君主制」として内外にアピールすることを要求している。こうした状況も踏まえ、本論では、文化概念ではなく、「政治制度」としての天皇（制）の不在・在について、共和思想の視点からアプローチを試みたい。

一　共和主義の源流を求めて
――横井小楠に見る共和制思想の萌芽（〜一八七〇年まで）

本論に入る前に―

明治維新以降の近代日本の共和思想形成にあたり、その源流の一つに横井小楠の共和思想がある。幕末の日本知識人が、アメリカの政治制度に目を向ける直接的なきっかけとなったのは、一八五三年のペリー艦隊の江戸湾来航である。ペリーは、日本を支配する将軍のお膝元で軍事力を誇示することで、日本との通商を迫った。ペリー来航は、幕藩体制を根底から揺るがす、決定的な転機となった。「彼我の力量の差はどこに由来するのか?」知識人は深く考え調査した。その根本原因が、アメリカの政治制度と、日本の封建制の違いにあることに気付いた人々は「共和制」について本格的に考え始めた。幕末の志士・横井小楠（一八〇九〜六九年）もその一人だったのである。

本節では、横井小楠の思想について以下検討していくことになるが、その前に、小楠よりほぼ一〇〇年ほどさかのぼったところに位置する一人の思想家安藤昌益について、少しだけふれておきたい。

安藤昌益（一七〇七〜?年）は、江戸時代中期に、一切の搾取と支配の根絶を説いた存在として知られる。一七五五年頃に書いた「自然真営道」で、「人ハ転（天）下ニ只一人也。一人ナル転下ニ生レテ、乃チ直耕シテ転真ト与ニ食衣スベキ也。一人ナル転下ニ誰ヲ治ルトシテカ王ト成リ、誰ニ対シテノ王為ル乎。

汝ハ不耕貪食シテ転道ヲ盗ム。故ニ転下始盗ノ太本ナリ。之ヲ弁ヘズ、王ト号シテ宮殿ヲ立テ、禁中ト号シテ之ニ居ル。禁（イマシメ）ノ中ナレバ即チ籠（牢）中也」（自然真営道　大序より）と述べ、天皇・将軍・封建諸侯・武士階級を否定・批判している。

安藤の思想は、人間の自然状態＝自然世では、全ての人が自ら直耕して働き、上下貴賎の区別なく男女平等だったが、「聖人」「君子」がでてきて自然の天下を盗み、勝手に国をつくって秩序を定め、君主となり臣下を引き連れ自ら耕さないで衆人の「直耕」を搾取する世の中となったことから、差別が始まったと述べている。権力者が自らを守るため人為的に作られた宗教や身分制度を廃止することで「法世」を廃止して「自然世」に帰れば、天皇・将軍・大名などの支配もなくなり、「人は万々人ニシテ只一人」の平等な世の中になり、飢饉や戦のない「安住の国」となるとした。自然状態を理想として、その回帰を促す点で、同時代のフランスのルソーに共通する点がある。安藤が日本近代思想の先駆者とよばれる所以である。

しかし、安藤の思想は、庶民とのつながりを欠いたため門人は少なかった。、百姓一揆などの具体的な社会的実践を志向しなかったため、時代的影響力も少なかった。多分に空想的・思弁的なものに終わった。その再評価がなされるのは、一九世紀半ば以降である。

血統論と共和一致の矛盾

一八〇九年、肥後に生まれた横井小楠は、藩校・時習館で学ぶ。江戸に遊学し、水戸藩の藤田東湖らと交流。帰郷後は私塾を開き、学者として知られるようになる。

号の「小楠」が楠木正成に由来するように、横井は当初、勤皇論者として出発した。しかし、ペリー艦隊の来航以後、横井の関心は海外の政治経済に向けられるようになる。やがて「肥後実学党」を結成。横井の学問は観念的な尊皇攘夷主義を越え、海外との交易を開き、進んだ文化を取り入れようとする「開国論」に次第に傾いていった。

横井がアメリカの共和制について知ったのは、一八五五年、中国の警世家・魏源（一七九四〜一八五六）が記した「海国図志」を読んでといわれている。同書では、アメリカの政治体制について「衆の合議」で決定すると紹介し、世襲でない「統領」として選ばれたワシントンがイギリスからの独立を果たした歴史を紹介している。「海国図志」は、当時、広く日本で読まれており、横井のほか吉田松陰や西郷隆盛、久坂玄端などもこれによってアメリカの事情を知ったとされる。

横井は、アメリカの大統領制について、古代中国の天子・尭が、血のつながらない舜に位を禅譲したことを重ねて見ていた。日本が遅れたのは封建制度のためであり、これからは世襲ではなく徳と能力のあるものが政治を司どる政治に代わるべきだとする思想に立っていた。

横井が「共和制」論者として知られるようになったのは、一八五七（安政四）年に作成した漢詩「沼山閑居雑詩十首節七」の第一節の「血統論」においてである。

血統論の内容は次の通り。

人君ナンゾ天職ナル　天ニ代リテ百姓ヲ治ムレバナリ
天徳ノ人ニアラザル自リハ、何ヲ以テ天命ニ愜ハン

堯ノ舜ニ巽ルハ、眞ニ是レ大聖タル所以ナリ
迂儒此ノ理ニ暗ク、之ヲ以テ聖人ノ病トス
嗟乎血統ノ論、豈是レ天理ニ順ナランヤ

人の上に立つ君主は、なぜ天から授かった職であるのか？　天に代わって百姓人民を治めるからである。

徳のある者でなければ天命に叶うことはできない。

中国の聖天子である堯が舜に其の位を譲ったのは、真に偉大な聖人であったからである。

世事に疎い学者たちはこの真理に暗かったため、それ以降、このことが聖人にとっての病疴となった。

ああ、血統論、どうしてこれが天地の理に従うことができようか。（筆者要訳）

堯から舜に禅譲した故事を、たんに徳川家と諸大名に例えているのか、それとも天皇家も含めているのか？　「人君」についての解釈をめぐって、発表当時から論議されたようである。その点について横井自身が明らかにした記録はない。

しかし、一八六二（文久二）年、坂本龍馬らが松平春嶽に接見した際、「横井は廃帝論起こすなど、実に可悪の人なり」（松平春嶽日記）と述べているように、この「血統論」によって横井は、当時から廃帝論者＝天皇制廃止（ただしこの言葉は当時ない・筆者注）の印象を、世間からもたれていたよ

うである。

一八五八（安政五）年、横井は越前藩主の松平春嶽に招かれ、松平の政治顧問として活躍するようになる。幕府中心主義をやめ、海外と交易し武備の備えを説く「国是三論」を著したのはその頃である。

やがて、松平の幕府政治総裁職の就任により、間接的な形ではあるが横井も幕政に参画するようになる。

この頃の横井の立場は、朝廷・幕府・諸大名が一致協力して難局に当たる公武合体論で、けっして倒幕派ではなかった。また、急進的共和主義を明らかにしているのでもなかった。

一八六二（文久二）年に発表した「論策七条」には「将軍が上洛し、歴代将軍の朝廷に対する無礼を詫びよ」とある。横井の共和主義は明らかに後退している。

また、一八六三（文久三）年の書状では、横井の共和制の基となったといわれる「共和一致」を述べている。

しかし、この「共和一致」は、君主制廃止を意味していない。従来の幕府独裁をいったん白紙にして、諸侯合同で会議を興して国政に参加する意味であって、あくまでも朝廷・幕府・諸藩の「共和一致」＝協力して国難に対処する、という文脈で使われている。幕政に参加したことで、横井の急進主義は大幅に抑えられている。

表向きは勤皇・公武合体論の反面、詩作で共和主義を吐き出し、座談でポンポン廃帝論をぶつ。横井の立場は、今日の言葉でいう「ダブルスタンダード」である。共和主義と勤皇論を公私に使い分けた。その矛盾が、やがて死にいたる遠因となる。

天道覚明論の今日的位置付け

一八六三年、横井は、京都で保守派の巻き返しの政変（八・一八政変）の影響を受け、失脚する。肥後に戻った横井は藩内の保守派に襲撃されたうえ、士分剥奪・領地召し上げの処分を受ける。その罪状は「士道忘却」であった。幕府の政治総裁の相談役を解任され、日々の暮らしにも事欠く悲哀を味わった。横井の雌伏は一八六八年の明治維新まで五年間に及んだ。

しかし、武士という特権階級ではなく、被支配者の庶民として生きた体験は、結果的に横井にとって、身分制度を否定するプラスの方向に作用した。この苦境の最中に横井が書いたのが、横井の名を日本で最初の「共和主義者」として決定付けた「天道覚明論」である。天道覚明論が書かれたのは、一八六七（慶応三）年明治維新の前年の三月といわれる。その内容は次のとおり。

天道覚明論

夫宇宙の間山川草木人類鳥獣の属ある猶人身身体の四支百骸あるが如し　故に宇宙の理を不知者は身に首足の具あるを不知に異なるなし然れは宇宙ある所の諸万国皆是一身体而無人我無親疎の理を明らかにし内外同一なることを審かにすべし

古より英名の主威徳宇宙に博く万国帰嚮するに至るものは其胸襟潤達物として容れさるはなく

其の慈仁化育心口天と異ることなき也如此にして世界の主蒼生の君と可云也其見小にして一体一物の理を知らさるは猶全身痿れて疾痛痾痒を覚らさると同し百世の身を終るまて解悟なすこと能はす亦可憐乎

抑我日本之如き頑頓固陋世々　帝王血脈相伝へ賢愚の差別なく其位を犯し其国を私して如無忌憚嗚呼此私心浅見の甚しき可勝慨嘆乎然るに或云堂々神州参千年　皇統一系万国に卓絶する国也と其心実に愚昧猥りに億兆蒼生の上に居る而已ならす僅かに三千年なるものを以て無窮とし後世如此と思ふ夫人世三千年の如きは天道一瞬目の如し焉ぞ三千年を以て大数として又後世無窮と云ふことを得んや其興廃存亡人意を以て可計知乎今日の如きは実に天地開闢以来興張の機運なるか故海外の諸国に於て天理の自然に本つき解悟発明文化の域に至らむとする国不少唯日本一国蕞爾たる弧島に據りて

帝王不代汚隆なき国と思ひ暴悪愚昧の君と雖とも堯舜湯武の禅譲を行ふ能はされは其亡滅を取る必せり速に固陋積弊の大害を攘除して天道無窮の大意に本つき弧見を看破し宇宙第一の国とならむことを欲せすすむはあるへからず如此理を推究して遂に大活眼の域に至らしむへし

宇宙の間に山と川があり、草木があり、そこに人類と鳥獣が存在しているように、人の体には百の骨があります。従って宇宙の理を知らない者は、身体に首・手足があるのを知らないと同じです。

宇宙にある国々は皆一体であって、その親疎の理を知らないものは、自分と他人の区別がつかないものと同じです。その点は、国の内外も同じであることを審らかにすべきです。

昔から、優れた君主は、その徳が宇宙に広く知られ、万国に響き渡り、その胸襟と包容力は広く、慈悲と仁は天と異なることはありません。このような人物こそ、世界の主、民衆の君というべきでしょう。了見が小さく、一体一物の理を知らないのは、全身麻痺して痛みが分からないのと同じで、百年たっても理解できないのは憐れむべき存在なのです。

そもそも、日本のような頑迷な世の中にあって、帝王の血脈を相伝し、賢愚の区別なく、その位を犯し、その国を私してはばかることがないのは、私心と浅見が甚だしいことです。しかるに、堂々と「神州三千年」「皇統万世一系に卓絶する国」というのは、その心が実に愚かなことです。きちんとした理由もなく億兆万民の上に立っている。のみならず、わずかに三千年をもって永遠であるとする。後世もまた、同じように続くと思っている。

人の世の三千年は、天の道からすれば、ひと瞬き程度のものです。どうして三千年をもって大きいとし、後世にわたって終らないといえるのか？　その興廃・存亡は人為を以て知ることができるでしょうか？

今日の世界は、実に天地開闢以来の勢いで文明が興り、広がっています。海外の諸国は、天地自然の理に基づいて発明文化に至ろうとしているのに、ただ日本だけが世界の隅っこの孤島に閉じこもっている。

帝王が代わらないで盛衰のない国と思い、愚かな暴君であっても、堯・舜あるいは殷の湯王、周の武王がしたような禅譲をすることが出来ないのならば、その滅亡は必定。速やかに積年の大害を排して天道無窮の大意に基づき、狭見を看破して、宇宙第一の国とならんことを欲するのみです。この「理」を追究して、大きく目を開くべきです。（筆者要訳）

血統論では曖昧だった「人君」が、ここでは「神州三千年」「皇統一系」と明らかにされている。横井が相対化したのは、まぎれもなく天皇だったのである。ここにおいて、横井の共和主義が、廃帝論＝天皇制廃止に、見事に止揚されている。

横井の共和主義は、現実から遊離した空想的なものではない。舶来の輸入品でもない。支配階級の武士ではなく、一《いち》庶民として市井に生きる階級的矛盾を実体験することによって形成されたものだった。身分制度の矛盾を乗り越え、海外に目を開いた、地に足のついた廃帝論である。排外主義に凝り固まった尊皇攘夷論とは対極に位置する内容だ。

しかし、「天道覚明論」について、小楠の作ではなく、偽作とする説が昔から根強い。偽作説の発端になったのは、生前の横井と交流のあった阿蘇神社の大宮司、阿蘇惟治が、横井暗殺事件の裁判の証言で天道覚明論の筆者について「横井かどうかわからない」と証言したことにある。

阿蘇は、横井が廃帝論を唱えたことに腹を立てて絶交した経歴がある。横井と別れた後は、肥後勤皇党の林櫻園の影響下にあった。廃帝論をめぐって林と横井が思想的に対立していたことから、横井を陥れるために、阿蘇が、横井の名を騙って天道覚明論を書きあげたとするのが偽作説の論拠である。

とはいえ、阿蘇が自分が書いたと認めたわけではない。真相は一五〇年後の今も闇の中である。このほか、佐久間象山の暗殺者で「人斬り彦斎」の異名をもち、横井に師事したこともある河上彦斎の仕業とする声もある。

筆者は、同書の真偽を判断する材料を持ち合わせているわけではない。

ただ、ここで留意しなければならないのは、同書に関しての論議が、真贋の「ミステリー」にすり替わってしまうことで、同書の論旨に関わる本質的な議論が意識的に回避されてきた点である。偽作論者の多くが、横井についての共和制論議を回避し、横井を「尊皇論者」として印象付けるために、殊更に偽作論を主張する傾向があることに注意したい。

それどころか、一方的に偽作とすることで、天道覚明論を歴史の闇に葬り去ろうとする「陰謀史観」すら感じる。同書を否定し、横井の勤皇的側面を強調することで、横井のもうひとつの顔－共和主義的側面を故意に貶め、隠蔽しようとする「皇国史観」に乗せられてはなるまい。

百歩譲って「偽作」と仮定しても、天皇（制）の本質を鋭くうがっている文章だ。「神州参千年」の非科学性を指摘し、世界に開かれた視点から「蕞爾たる孤島」の人々の夜郎自大性を喝破した点において、現代にも通じる日本ナショナリズム批判となっている。

真偽のほどはおいて、ここでは、明確な論旨をもった廃帝論が、明治維新前夜の一八六七年に書かれた事実に着目したい。

横井か、さもなければ何者かによって、「天道覚明論」は書かれた。その論旨は、明らかに横井の「血統論」の延長線上にある。

天道覚明論は、日本近代史上、初めて堂々と廃帝を主張した宣言文である。

日本最初の天皇主義者による受難者

一八六八年、明治維新政府の成立により、横井は処分を解かれる。横井は、新政府の中心となった岩倉具視にその見識を買われ、新政府の「参与」の職責に抜擢された。参与は、公卿・諸大名の下にあって、各藩の有力有能な人物を集めた部局で、新政府の実務を担う。明治政府の実質的な中枢機能であり、横井が一〇年前に提言した「公議政体論」を実現させたものであった。

それまでの経済的困窮から抜け出し、実入りのよくなった横井は、死の直前である明治元年（一八六八年）一二月二六日に「俄之大名に罷相成りおかしく御座候なりたるが如し」と書き送ったように、得意の絶頂にあった。

その頃、明治天皇について、次のように評している。

「主上當年御宝算御十七歳、いまだ御幼年に被為在候へ共非常之御聡明誠に奉驚入候」（明治元年九月一五日）

血統論と天道覚明論で万世一系の天皇制を批判し、共和制を論じた横井だが、明治政府にすっかり「位打ち」されてしまったということか。死の直前に至るまで、天子を敬うよう親族に手紙を書き送っている。

新政府内での横井は、とくに廃帝論を提起した様子はない。横井は肥後の出身で、薩長のような政治勢力は背景にしていない。本質的に学者であって、実務には堪能ではない。年齢も政府内で最高齢（六〇歳）の部類に入る。「横井をよんだが思いのほか」と、大久保利通が勝海舟に言っているように、さほどの働きをした形跡はない。横井に求められたのは、新政府の「政治顧問」「ご意見番」の役割だったろうか。

そして、明治維新から一年後の一八六九年一月、横井は五名の士族によって暗殺される。暗殺者の一人であった十津川郷士・柳田直藏が持っていた斬奸状は次の通り。

此者是迄の姦計不遑枚挙候共姑舎之　今般夷賊に同心し天主教を海内に蔓延せしめんとす邪教蔓延致し候節は皇国は外夷の有と相成候事顕然なり　併　朝廷御登傭の人を殺害に及び候事深く奉恐入候へ共、売国之姦要路に塞り居候時は前条の次第に立入候故不得巳加天誅者也

横井がキリスト教を広めようとして、「皇国」を揺るがしかねない存在であるから斬った、となっている。

その、直接の原因となったとされているのが、天道覚明論といわれる。

暗殺者の一人、鹿島又之丞の「口述書」の一説には「徴士横井平四郎殿先年来洋説を信じ、恐多くも□□之儀抔相唱、其外奸曲之聞へ不少候処抜群相成候」とある。文中二文字は伏せられている。要訳すれば、徴士横井平四郎殿、以前より洋説を信じ、恐れ多くも□□を唱え、そのほか奸計が少なからず聞こえたため、徒党を組んで暗殺するに至った、と述べている。この「洋説」について、先の斬奸状から「キリスト教」と推定できる。

横井は、沼山閑居雑詩十首七節の第六節で「西洋ニ正教アリ（中略）教ニ因リテ法制ヲ立ツ」とキリスト教に基づく立法が、西洋社会の根本にあると紹介したことがある。その点が「キリスト教を広

めようとした」と誤解されていた。

いっぽうで、明治政府は、キリスト教に対しては江戸幕府と同じく禁教政策を布いた。新政府発足間もない三月、庶民にだされた触れ書き「五榜の掲示」では、徒党を組んで強訴する事を禁止するとともに、キリシタン禁止を布告している。

同年六月、木戸孝允ら明治政府主流派は、長崎の隠れキリシタンが顕在化した際に、三千人を逮捕し、追放・拷問などの大弾圧を加えている（浦上崩れ）。

明治維新は、薩摩・長州などの西南雄藩連合だけの力で成し遂げたられたわけではない。民衆一揆や商業資本の援助、宗教勢力などの雑多な勢力を利用することによって、薩長は倒幕にこぎつけた。この中には、神社・神主など神道の勢力があった。

神道は、日本の「伝統宗教」としての天照大神を崇拝する。民間で広まった平田国学や、南朝正統論に立って日本史を編纂する水戸学派などに大きな影響を与えた。神道と国学は尊皇攘夷運動と結びつき倒幕運動で重要な役割を果たした。横井自身も一時、林櫻園や、のち神風連の乱をおこす太田黒伴雄と交友があった。

天皇を担ぐことによって成立した明治政府は、天照大神の宗教神話を国家運営の宗教的中核に据えた。新政府樹立を内外にアピールした「セレモニー」である五ヵ条の御誓文も、天皇が百官を率いて神に誓う儀式である。新政府は四月には神祇局を設置。全国の神社を統合して、神仏分離・廃仏毀釈の方針を示している。

祭政一致の方針を打ち出した明治政府にとって、キリスト教は、なおも天皇の宗教的権威を脅かす存在だったのである。鎖国から二〇〇年以上経ても「外国の侵略の手先」として警戒されていた。そして、キリスト教と共和主義が混同されていた時代だったのである（キリスト教が事実上公認されるのは明治六年以降である）。

横井自身はキリスト教徒ではなかった。だが、明治政府に入って以降も、森有礼らを通じてキリスト教を理解しようとしたことから、政府内では、比較的キリスト教に寛容な人物と世間から思われていたようである。

このように、天皇の祭政一致を期待する神道主義者にとって、政府の中枢にいる横井は好ましからざる人物だったのである。暗殺をめぐって、新政府内の開明派と中川宮ら復古派の勢力争いにまつわる陰謀めいた話も取り沙汰された。

これに加えて、廃帝論者として評価されていたことも暗殺の背景にあった。このような状況から、伏せられた文中の□□は、「廃帝」もしくは「共和」の二文字が類推される。

一八七七年に最後の士族反乱である西南戦争によって士族勢力が一掃されるまで、明治政府の高官の多くが暗殺された。横井暗殺の直後には大村益次郎、広沢真臣ら、政府の中枢にいた人物が相次いで殺されている（岩倉具視は未遂）。暗殺の動機の多くは、変革によって既得権を奪われる士族の不平によるものだった（徴兵制・四民平等など）。

しかし、ほかの高官暗殺と横井のそれには明らかに違いがある。つまり、横井が廃帝論者だった点である。

共和主義を主張した横井が、天皇政府の中枢にいる矛盾。暗殺の背景に天皇制をめぐる思想的な問題があったことは、一四〇年以上経た現在も指摘できる。

尊皇攘夷を旗印に行われた「ご一新」にもかかわらず、新政府は着実に開国に傾いていく。その中枢に、共和主義・廃帝論者である横井小楠が「俄《にわか》大名」として時めいている現実。王政復古の大号令による天皇親政を夢見た勤皇派士族が、不満を抱いたことが暗殺の背景にあることは、容易に想像できる。

前述したように横井は、アメリカの大統領制について、中国の易姓革命にたとえて賞賛している。しかし「尊皇」に凝り固まった当時の不平士族にとっては、この程度の発言も、天皇を否定する言葉として捉えられたのではないだろうか。

横井の思想は柔軟で、共和主義から神道まで幅広い領域を受容した。最晩年は天皇制にも接近している。だが、天道覚明論の真偽や、横井個人の思想変遷とは離れたところで、横井の「共和主義者像」が勝手に一人歩きし始めた。明治維新の成立と同時に「共和主義」が明治維新そのものを否定する「危険思想」として警戒されるようになった。その矛盾に暗殺の本質はある。

横井暗殺事件の裁判中には、暗殺者に対する減刑嘆願が相次いだ。その理由は横井が廃帝論を唱えるものであり、これを切ったのはやむを得ないとするものだった。

しかし、相次ぐ要人の暗殺に事態を重く見た明治政府は極刑をもって臨むことにした。裁判の結果、一八七〇（明治三）年、暗殺者四名は死刑となった（一名は判決前に死亡している）。

かくして横井暗殺事件は終結した。だが、「天道覚明論」は、明治以降の人々にとって、触れべからず「禁断の書」となった。横井小楠死後一四〇年たった今も、横井の共和主義的側面は、タブー視されている。

勝海舟や坂本竜馬などに比べて、横井は早期に国政の中枢に参画していたにもかかわらず、いまだにその評価が低く、維新史において「傍流」として取り扱われているのは、その共和思想と無関係ではあるまい。横井と皇室の関係は他の参与や志士と比べて大幅に叙位が遅れた（昭和三年）ことが、問わず物語っている。

共和制と尊皇論のあいだを揺れ続けた横井の思想。その大きな矛盾こそが、横井の死をもたらした最大の原因と言えるのではないか。それは、今もなお、日本に住む人々に暗雲として重くのしかかっている。

横井に関しては、近年、坂本竜馬「船中八策」に影響を与えた先覚者として、あるいはビジネスマン的視点から「実学の人」という再評価が高まっているが、その共和思想についても、等身大の評価をはかる時機にきている。

そして何よりも、天皇主義者の「テロ」によって殺された人物として記憶されるべきであろう。日本の「右翼テロ」の受難は、横井小楠に始まる。

蝦夷共和国構想

この時期の共和思想を研究する上で、もうひとつの特筆すべき事績として、旧幕臣・榎本武揚らの「蝦夷共和国」構想をあげたい。

江戸開城から半年後の一八六八年八月、榎本武揚率いる二〇〇〇名の旧幕府海軍は、江戸を離れる。

榎本艦隊は、戊辰戦争で敗北した東北諸藩の残党を吸収しながら北上。東北戦線の終結後の一〇月には函館を占領する。

榎本らは、当時函館に駐屯していたイギリス、フランスなどの領事と交渉し、外国の交戦権を中立におき、「オーソリティ・デ・ファクト」事実上の政権として認められることになる。ここに、局地的ではあるが、天皇を中心にした太政官政府とは別の政権が日本に誕生した。

横井の死んだ一八六九年一月段階では、函館の「共和府」は健在だったのである。

ちなみに、榎本らが「蝦夷共和国」と名乗った事実はない。当時は、単に「函館政庁」「函館府」とよばれていた。明治政府から独立した「共和国」として、イギリス・フランスなどから公式に認められたものでもない。諸外国が函館政権を承認したのは、あくまでも現地の応急的な措置だった。

蝦夷共和国と呼ばれるようになったのは、当時イギリス領事の書記官で榎本と会見したアダムスが、函館政権崩壊の五年後一八七四年一月の文書で、函館政権について「republic」と表現したことが、きっかけである。

アダムスが、函館政権を実質的な「共和国」とみなした理由は次の三点による。

一、総裁選挙の実施　代表である総裁を、士官の「選挙」によって選んだこと

二、旧大名を役職から除いたこと

三、総裁の「上」に、宮家などの天皇家の血筋につながる人物を統合のシンボルとして、名誉職的な位置に就けなかったこと

「選挙」で代表を選んだことと、統治原理に封建制と天皇制に依拠しなかったことが、後世の史家が

実質的な「共和制」と見做す所以である。

当時、日本に割拠した勢力としては、これより半年ほど早い一八六八年五月、東北諸藩による奥羽列藩同盟が成立している。

しかし、列藩同盟は、文字通り封建諸侯の連合体だった。その政権構想は、輪王寺宮を「東武皇帝」として推戴し、関白に奥羽鎮撫総督である九条道孝を置く。征夷大将軍として仙台藩主の伊達慶邦、副将軍として会津藩主松平容保が補佐する、従来の江戸幕府と変わりない構想だった(実現せず)。列藩同盟の盟主選挙も実施せず、統治原理を天皇にもとめたため、列藩同盟を「共和制」と呼ぶことは出来ない。

榎本らは、旧幕臣を中心に、蝦夷(北海道)の開拓事業や独自の貿易を計画していたようである。とはいえ、榎本らが、共和主義について、どの程度考えていたのか?　あるいは長期的な見通しを持って国家経営の意思と方針をもっていたのかは疑問が残る。

一八六九年五月、雪解けを待っていた新政府軍は北上し、函館戦争が勃発する。函館軍は、新政府軍に全面降伏。榎本らの企ては終焉する。榎本ら幹部は戦犯として投獄される。数年後、恩赦によって出獄し、榎本はじめ函館政権の幹部のほとんどが新政府によって採用された。その後の彼らが共和制を模索した動きはない。

函館政権について、戊辰戦争という混乱期に権力の空白地帯である蝦夷(函館)で起こった、旧幕府軍の脱走兵力による一時的な「函館占領事件」として見做し、公式な政権と認めない見方が根強くある(その背景には皇国史観がある)。

函館政府は、八ヶ月という、きわめて短期間で終了し、弱体かつ局地的で影響力は限られていた。共和制の萌芽は見られたものの、思想性は低く、本格的な「共和国」政権とは認められない部分があるのは否定できない。

今日的な共和思想の視点からは、ともかくも、この時期の日本に、天皇制を原理としない政権を模索した集団がいたことを、ユニークな歴史的事例として評価したい。

二　自由民権運動の共和主義的側面を考察する（一八七一年〜一九〇〇年）

自由民権運動は共和制運動か？

このように、一八六八年〜六九年、日本には、政府内でも共和制構想を持つ人がいた。政府外においても実質的な共和制が存在した。

だが、戦前は皇国史観によって明治維新の共和主義的な方向性を検証することは意識的に排除されてきた。横井小楠の共和制側面や、蝦夷共和国構想が、陽の目を見るようになったのは、ようやく、戦後になってである。戦後の民主化の過程で、その存在が、少しずつ明らかにされ始めた。

従来のマルクス主義史観からも、明治維新について、天皇が政治的統合の役割を果たしたことから、天皇政権と判で押したように解釈されるのみで、なぜか共和主義的側面の研究は、なおざりにされてきた。

また、幕府崩壊後の一八六八年から国会開設までの二〇数年間、日本に議会制民主主義が存在せず、当時の明治政権が、天皇を頂点にした「太政官」―実質は薩長藩閥―による「有司専制」が行われていたことから、「絶対王政」の一種として捉えられてきた。

これに対し、近年、近代日本がたどったアジア太平洋戦争へ続く侵略戦争への反省から、一八六八年以降の、日本の別の針路を模索する動きがみられる。すなわち平和主義的国家のコースがありえたのか、というシェーマである。「戦後平和主義史観」とでもいうべき仮定に依拠して近代日本を総括することは、きちんとした歴史的事実をふまえないと、空想的なものに陥る可能性がある。「もし戊辰戦争で徳川方が勝っていれば」「もし坂本竜馬が生きていれば」平和な日本が築けたのではないか、という荒唐無稽な話になってしまう。

明治維新と「明治人」を過大に評価して、明治維新直後から始まったアジア侵略の歴史を反省することなく「昭和になって日本の軍部は堕落した」とする「国家の人格化」の問題がここにも所見できる。

そこで、本稿では、戦後民主主義史観とは一線を画して、「一八六八年後」の日本について、「共和思想」の視点から検証を試みたい。

自由民権運動は、社会運動史的には「憲法草案運動」「議会開設運動」と位置付けられている。また、近現代史的には太政官政府に対する「民主化要求運動」と再評価する向きもある。戦後民主主義的な視点からは、植木枝盛の発表した「東洋大日本国国憲案」で、思想の自由などの項目があることから、基本的人権の尊重につながる思想を見る人がいる。中江兆民の「三酔人経綸問答」で平和主義的国家像を提示したことが、戦後憲法の戦争放棄に通じるという評価もある。

いっぽうで、民権家たちは天皇制を否定したのか？　天皇制国家とは別の方向性—共和制日本—を検討したのか？　が、大きな疑問として残っている。

横井小楠の「共和一致」と「血統論」の差異に見られるように、日本の知識人には、共和制と、廃帝論を使い分ける悪癖がある。共和主義を、ストレートに「天皇制廃止」を意味しない矛盾とダブルスタンダードに、日本の共和主義は始まった。奇妙な話だが、日本の「共和主義思想」は、天皇制との対峙を避けて今日に至っている。象徴天皇制の日本が「実質的な共和制」と曲解される原因はここにもある。共和主義が、まともな思想として扱われていないのである。

はたして「維新第二世代」とでもいうべき民権運動家たちは、小楠の思想を継承発展させたのか？自由民権運動の「共和主義的側面」に迫ってみたい。

中江兆民は本当に東洋のルソーか？

中江兆民は、ルソーの「民約論」で、自由民権運動の代表的思想家とされる。

兆民の共和主義についての考えで、まず引き合いに出されるのが、一八八二（明治一四）年、東洋自由新聞に掲載された「君臣共治の説」である。

（前略）共和政治の字面たるや羅甸語の「レスピユブリカー」を訳せるなり。「レス」は物なり。「ピユブリカ」は公衆なり。故に「レスピユブリカー」は即ち公衆の物なり、公有物の義なり。この公有の義を推してこれを政体の上に及ぼし共和共治の名となせるなり。その本義かくの如し。故にいやしくも政権を以て全国人民の公有物となし一二有司に私せざるときは皆「レスピユブリカー」なり。皆な共和政治なり。君主の有無はその問はざる所なり

こうして、民主的であれば君主の有無は問わないとしている。

そして「今において共和政治を立てんと欲すればその名についてこれ求めんか、将たその実を取らんか」として、当時のフランスの共和制とイギリスの立憲君主制のどちらが内実があるか、と比較している。兆民は、イギリスの立憲君主制が、アメリカの大統領制と基本的には同じ原理で宰相（首相）が、人民から選ばれていることから、実質的に共和政治であり、これを「君民共治」と命名している。共和政下のフランスに留学した兆民が、イギリスの立憲君主制を評価しているとされる所以がここにある。

そして「平民のめさまし（明治二〇年）で、「天子様は尊きが上にも尊くして外に較べ物の有る訳のものでは無い。畢竟、天子様は政府方でも無く国会や我々人民方でも無く、一国衆民の頭上に在々て別に御位を占させ給ふて神様も同様なり」と天皇を神格化している。

また、一八九二（明治二四）年に発表した警世放言の「帝室と内閣の分離」では、「帝室の尊きこと神の如し（中略）我日本国の帝室は地球上一種特異の建設物たり万国の史を閲読するも此の如き建設物は一個も有ること無し」と述べている。さらに「人類なる者の初て成立せし以来我日本の帝室は常々現在して一回も跡を斂めたること無し我日本の帝室は開闢の初より尽未来の末迄縦に引きたる一条の金鉄線なり載籍以前の昔より今日並に今後迄一行書き将ち去る可き歴史の本項なり初生の人類より滴々血液を伝へ来れる地球上譜牒の本系なり之を人と云へば人なり之を神と云へば神なり」と、ここでも「万世一系」の神話を強調している。

以上、兆民の共和制と天皇制についての代表的な考えを示したものを引用した。少なくとも、これを見る限りは、兆民は共和主義者と云うよりも、立憲君主主義者である。日本の皇室が世界的に特異な王制であって、子子孫孫まで伝え守っていくという「尊皇家」の立場を明らかにしている。

兆民には、血統批判をし、「天道覚明論」で万世一系神話を一蹴した横井の共和制思想は引き継がれていない。フランスの共和制を実際に経験し、ルソーを翻訳した兆民ですら、日本の天皇を「神様」と考え世界の中で最も「尊いもの」と考えている。

ルソーの影響を受けたロベスピエールやダントンが、フランス革命で王制廃止したのと比較しても、兆民の共和制と天皇制についての態度は明らかに違いがある。少なくとも君主制に関する限り、中江兆民は「東洋のルソーにあらず」となってしまう。

民権家の「ツイッター共和主義」

兆民は、君臣共治が書かれた同年に、勅命で東洋自由新聞社から西園寺公望を追放した天（皇）を批判した。また、藩閥政治と一体となった帝室を批判し、大日本帝国憲法を批難した。しかし、兆民が廃帝を論じた記録は見当たらない。むしろ、自由民権運動・帝國憲法発布と、歴史の結節点で、立憲君主主義者としての立場を明らかにしている。その姿勢は、あたかも「帝室の尊厳」を自己確認することで、自らの急進共和主義を戒めるかのような印象を後世に与えている。

兆民の共和主義的側面を強調する事例に、前出の三酔人経綸問答の洋学紳士君の民主制がある。また、兆民の仏学塾では塾生の間で廃帝論が盛んだったという。兆民自身も「王は嫌いだ」と言っていたエピソードも残っている。しかし、兆民は「帝室」という日本の王制の「特殊性」と、共和主義の矛盾について最後まで明らかにすることはなかった。

そのほかの民権思想家たちはどうか？

ここに、一九五八年に家永三郎が雑誌「思想」（岩波書店）で発表した「日本における共和主義の伝統」という論文がある。同論文は、自由民権運動と共和主義の関わりについて、戦後民主主義の視点から考察した数少ない資料のひとつである。

この論文で、福沢諭吉、馬場辰猪、植木枝盛らの共和主義について家永が考察している。やや引用が長くなるが、これに即して民権家たちの共和主義を検証してみたい。


最初に、福沢について、家永は「根底において共和主義者であったと見るべきである」と述べている。

その理由として、福沢が、君主制の成立について古代天皇制による「物理的暴力」であることを認識し、天皇制の専制的性格を批判していたとする。福沢は「尊王論」や「帝室論」を記してはいるが、単純な天皇制擁護者ではなく、当面の戦術的必要に基づいて皇室を利用しただけで、本心が共和主義者だったと評価している。

その論拠となっているのが「今の文明国に君主を戴くは国民の智愚を平均して其標準尚ほ未だ高からざるが故なり」と述べ、共和国憲法について「文明の大活眼より視るときは、都て是れ愚民の愚に囲まれて其御法に苦しみ、止むを得ざるに出でたる窮策にこそあれば、要は唯其国民智愚の程度を窺ひ、其歴史習慣の如何を察して適当なるものを択み、百千年の後に大成を期す可きのみ」とする、福翁百話九十四話の講話である。

要するに、福沢は「今は国民性が低いから君主制を択んでいるのだ。百千年たてば民衆が成長して共和制になるだろう」と考えたと家永は推測している。

次に、馬場辰猪は、金子堅太郎に「現在（明治）の主権者は天皇だが、将来国民が君主政体を改めて民主政体にしようと欲すれば国民の希望に従わなければならぬ」と語ったことを引用し、馬場もまた「内心は共和主義者だった」と結論付ける。

そして植木枝盛について、植木の随想録（非公開を予定して書かれたもの）である「無天雑録」から「某種ノ人曰ク（中略）従来ノ人民ニ共和政治ヲ好ム様ニナルノ恐レアリト。然レドモ人民真ニ共和政ヲ好ム様ニナッテ然後共和政ヲ行ヘバ、是レ国家ノ幸也（明治一三年一月二一日）を引用し、植木の終極的な理想が共和政にあったと推測している。

まず、福沢だが、国民が愚かだから君主制でいくんだ、という相変わらずの愚民観である。百千年後に大成を期するというのも無責任な物言いである。これをもって福沢を「共和主義」とするのは、いささか無理があるのではないか。福沢は尊王論や帝室論を自己否定したわけではない。ちなみに福沢の没年は西暦一九〇一年（七五歳）。これに対し家永は二〇〇二年に八九歳で亡くなっている。福沢の没後百年を経た時代を生きたことになる。福沢講話から百年たっても天皇制が存続している現実を、晩年の家永はどう考えたのか？

馬場の発言について、家永は「これが天皇政府の下での最大限の共和主義を語る表現だった」と同情している。しかし、馬場は「天賦人権論」で、イギリスで共和政治を羨慕する人物（名前は明らかにされていない・筆者注）が、英国皇太子が病気になった時、名刺を宮殿に置いて快癒を祈った故事を取り上げ、これを「英国の美徳」としている。このように、馬場の共和主義についての本質的な理解には疑わしい点があった。

続いて「英国人民ガ愛国ノ心情最モ深厚ニシテ容易ニ過激主義ノ為メニ動カサレザルノミナラズ更ニ能ク之ヲ制スルノ力アルヲ証スルニ足レリ」と述べ、わが日本の過激民権者もこれを見習って猛省すべきだ、と述べ性急な革命を戒めている。馬場と並び「土佐の二大俊英」と称された奥宮健之（のち大逆事件で刑死）とは、全く別の穏健的社会改良思想である。馬場は民権運動の渦中の一八八八年、三九歳で夭折する。晩年の共和政理解がどこまで進んだのかは不明である。

留意しなければならないのは、福沢と馬場について、家永は「内心は共和主義者だった」と結論付けている点である。馬場もしくは福沢が共和主義者であるならば、共和政についての記述もしくは発言録を基に共和主義との関係を論理だてていくのが筋だが、ここでの家永の態度は座談や伝聞に依拠した「当て推量」に終始している。そもそも、あったこともない歴史上の人物の「内心」が、一体どうやってわかるのだろう？

どうやら家永には、福沢や馬場が「共和主義者」であってほしいとする、過剰な「思い入れ」があるようだ。思想家の片言隻句を有り難がって、自らの都合のいいように我田引水して解釈するのは、日本の学者の悪癖である。これに加えて、家永には両名を自分に都合のいい「共和主義者像」に塗り替えようとする意図すら感じる。

しかし、これこそが「戦後民主主義史観」の本質ではないか。物故者を唯心的に解釈し、自由民権運動を戦後の民主化と同質のものと見なしたい心性が、ここに働いている。

家永の「ご都合主義」は、植木に至って顕著である。植木が明治一四年発表した「東洋大日本国国憲案」では、「皇帝皇族及摂政」の編があり、皇帝（天皇）の不逮捕特権や免税特権、兵馬の統帥権などが記されていることはよく知られている。

これに対し、公表を予定しないで書かれた、きわめて私的な随想録にすぎない「無天雑録」の抜粋をもって植木を共和主義者と評するのは、我田引水を超えて牽強付会であろう。

さらに家永は、文献に傍証のない、植木に関する口丞逸話を引き合いに出す。「人と将棋を闘す（中略）枝盛は乃ち王を失ふも屈せず。曰く、国は国王を失ふも、人民猶共和にて戦を続くに足ると。金銀香歩を失ふて一駒を存せざるに至り、即ち已む」（土佐偉人伝）。

これも「歩のない将棋は負け将棋」の縁台将棋の負け惜しみでしかないが、家永先生によれば「彼の共和主義者たることを立証する史料」となってしまう。

一時期、植木は、自ら「天皇」と名乗っていた。これを天皇批判の意味で使っていたのかは不明だが「天皇と偕に寝ね、又皇后と同衾して寝ね、交媾することを夢む」とか「天皇先月の中旬より陰部に病あり」と日記に記すなど、秘かに天皇を風刺をしていた。

植木について「自分を天子のように思うていた。大本教の王仁みたいだ（横山又吉翁談話）と評するいっぽうで「皇室については何も言わなかった」（立志社座談会）との証言もある。当たり障りのない常識論を展開する中江・福沢・馬場に比べれば、植木は奇矯な言動が多かっただけに、天皇制についてはは矛盾を感じ、懐疑的だったという推測も成り立つ。とはいえ、植木が明確な論旨で共和主義や廃帝を論じた記録もないことも、また事実である。

家永の言うように、植木・馬場そして福沢ら民権思想家は、時おり雑談や座談で共和主義を口にしたのだろう。「内心は」共和思想を模索したのかもしれない。だが、それは、明解な論旨をもった共和主義論とは程遠いものだった。今風にいえば「ツイッター」「つぶやき共和主義」でしかなかったのである。血統論・天道覚明論で提起された、日本型「共和主義」を思想的に発展することなく、民権思想家は終始したのである。

民衆に見られた共和政の萌芽

はたして明治時代の民衆は、福沢の言うように、共和主義を志向できない「愚民」だったのか？家永は、同論文の後半部分で、自由民権運動の民衆の中には、明解に天皇を批判する声があった事例を列挙している。

（1）明治一四年一〇月八日　静岡県静岡寺町小川座の政治演説会で前島豊太郎の演説より
「抑モ天子ト云ヘバ、皆有リ難ソウニ思ヒ来レドモ、決シテ左様ナルモノニ非ズ。然レバドウイウモノデアルト云ヘバ、即チ大賊ノ第一等ナルモノナリ（中略）元来天子ト云フモノハ、其始メ己ガ意ニ従ハザル者ヲ伐チ倒シ切リ倒シ、而シテ遂ニ此国ヲ我ガ所有物ノ如クセシモノナリ（中略）抑モ天子ノ成立ト云フモノハ、彼ノ蜂須賀小六ノ成立ト少シモ不相異（中略）如此者ノ子孫ガ矢張リ華族トカ云フモノニ成リテ居ル様ナモノナリ。之ニテ皆サン、天子ハ大賊ノ第一等ト云フコトガ能ク明ラカニ御分リナサレタデアリマシヨウ」明治一四年一〇月一二日静岡県警の証言書より。

※戦国時代に夜盗から大名になった蜂須賀小六に例えて天皇を批判した前島は、ざん謗律で処罰される。

（2）明治一五年三月一一日の伊賀上野の政談演説会で大庭成章の演説より

神武天皇は「武力を頼んで以て我日本人種を征服し、擅ままに帝位に登りて、統を万世に垂れ、一統連綿帝王の位を専にするのを基を開きしものにして、言はば我日本の大盗賊なり。故を以て其子孫は即ち国賊の末裔にして、現に今上皇帝の如きも均しく我国の賊といふべし（後略）」東京日日新聞明治一五年三月二九日雑報欄より。

※大庭は、同年に施行された、旧刑法一〇七条・新刑法第七四条の不敬罪によって重禁固四年罰金の百円の刑が処される。

（3）明治一五年四月二一日福島自由党員柳沼亀吉の発言

「抑モ人間ハ同等国（同）権ナル者ニシテ、決シテ君臣上下ノ差異ナシ。然ルニ帝トカ王トカ云フ悪人ニ高位ヲ授ケ、猥リニ威権ヲ与ヘ、其帝王ガ無限ノ権威ヲ逞フシ、下民ヲ牛馬ノ如ク抑圧スルト雖モ、反テ夫ヲ道理ト思惟怪マザルハ、実ニ習慣ノ然ラシムル処ニテ、実ニ誤謬ノ甚シキト云フベシ（中略）吾国モ慣習ヲ以テ成リ立タル則国体ナリ」福島県三春警察署長具申書より。

（4）「佐々木高行日記」明治一五年五月三日より

「過日急進化ノ面々ノ演説ノ刻（中略）、蕎麦ト云フモノハ三ツノ角アリ、最初ハ食物ニナラズ、之ヲ石臼ニテ砕キ潰シタレバ、始メテ白粉トナリ、人間ノ食物トナリ滋養物トナル也。三角《ミカド》ヲ砕クニ非レバ人間ノ食物トナル事ナシ。三角ハ即チ帝ト同ジ。之ヲ砕クニ非レバ、自由権利ヲ伸ル事能フマジ云々。将、神武天皇ハ支那ヨリ渡リ来テ日本国ヲ盗ミタル者ナリ云々」

※天皇制の問題を蕎麦にたとえて風刺した、田舎ならではのユーモラスな熊本での演説会は、即座に警察官によって逮捕されたと伝えている。

（5）同日記明治一六年より

「右ハ、高知県立志社ノ為メニ頗ル秩序ナク、甚ダ敷キハ、勅語ニ朕ト朱書シアルヲ以テ赤犬又ハ赤チント申唱ヘ、実ニ日本人民トハ思ハレズ（後略）」

※のち宮内省顧問となる佐々木は、当時の土佐の立志社の雰囲気を「無政府党の如き」と伝えている。

（6）明治一五年一〇月出版の自由党員奥宮健之の訳本「共和原理（フランス人・ネッケルフレー著」より

「立憲君主政体ト云フ此ノ政体タルヤ、国家常ニ不用無益ナル国王ヲ要立セザル可カラザルノ政体ニシテ（中略）唯ニ其ノ年金ヲシテ愉快ニ徒費消損スルモノニ過ギズシテ、之レガ用ヲナスモノニアラズ」

※奥宮は、あえて共和制の本を刊行し、立憲君主制を明確に批判した。奥宮は、のち大逆事件に連座して逮捕され、処刑される。

（7）自由新聞明治一六年三月二八日号所載神戸軽罪裁判所判決
神戸相生小学校教師稲倉儀三郎が明治一六年一月三一日生徒ノ「所持セシ写真ハ、至尊ノ御写真ナルコトヲ知リ、不敬ノ言詞ヲ発シナガラ之ヲ引裂」く事件。

このほか、いくつかの事例があったと家永は述べている。

従来、自由民権運動といえば、議会開設運動と憲法制定運動と考えられ、その共和主義的側面はあまり顧みられることはなかった。しかし、同時期に日本各地で共和制論議がなされていたことに、注目すべきであろう。

そして、その共和制論議をリードしたのは、中江兆民や植木枝盛などの思想家たちでなく、むしろ末端の自由党員や民衆であった。地域を超えて、澎湃として共和主義への動きが起こり始めていた。

さらに、（6）奥宮が刊行した「共和原理」に記されているように、彼らは、共和制思想を、明確に「廃帝＝天皇制廃止」と認識していたことに留意する必要がある。ここに、共和思想と天皇存在を言葉巧みに使い分けていた民権思想家との決定的な違いがある。

当時、民衆の間で、なぜ、これほど自由な天皇批判があったのか？

これについて家永三郎は「天皇に政権が代わっても徳川幕府の長期に及ぶの治世に培われた一般的心情は一朝にして改まるものではなかった」とし「明治初年における尊皇精神は維新政府の人工的な政策にかかわらず微弱だった」と分析している。家永が明治一五年生まれの老人から直接聞いた話によれば、江戸時代まで上州（群馬県）の民衆は、将軍家の方が禁廷様（天皇）よりえらいと考えていた、というのである。また、下田に駐屯して幕府と交渉していたアメリカ領事のタウンゼント・ハリスが着任一年間は天皇の存在を知らなかったというのは有名な話である。天皇の知名度と権威は、日本国内でも地域差があった。

天皇が民衆に浸透していくのは、明治初年から開始した「巡幸」がきっかけとなっている。

しかし、明治初年から西南戦争までの一〇年間は、士族反乱が相次ぎ、政府の基盤もまだ固まっていなかった。士族勢力が一掃された後も、自由民権運動が高揚を迎える明治一五～一七年までは、天皇の権威は十分に浸透していなかった。共和制を主張する自由があったのである。家永は、教育勅語と大日本帝国憲法の出てくる明治二〇年前後を境に、それ以前と以後では日本の思想と天皇制の関係について決定的な変化があるとし、自由民権運動までの日本は「思想的な空白期間」にあったため、共和思想を受容することができた、と述べている。

それから一三〇年。現代の思想家たちは、思想信条の自由が憲法で保障されているにもかかわらず、まともな共和制論議をさけている。明治の人々は、決して福沢が言うような「愚民」ではなかったのである。百千年後に民衆が成長して共和制を選ぶだろう、というのが如何に無責任な発言であることがわかる。

こうした民衆の共和制意識の高まりを、論理化できなかった中江、植木、馬場ら民権思想の「イデオローグ」たちの責任は重大である。指導者・インテリと、民衆の乖離。今日も見られる大衆運動の分裂の原因が、ここに見られる。

家永論文の功績は、日本の唯物史観においてすら、天皇中心で考えられてきた明治の歴史について、地域史・民衆運動史的な視点を導入することにより、共和主義の可能性を明らかにした点にある。

秩父事件の今日的意義

一八八一（明治一四）年、天皇の名による「国会開設の詔勅」が出され国会開設に向けた動きは強まっていった。

しかし、翌一八八二（明治一五）年、自由党総理板垣退助の洋行問題に端を発して、自由党は分裂する。左派自由党は、西南戦争後の松方デフレ政策による困窮にあえいでいた当時の民衆の不満と結びついて、激化してくる。

明治一五年には、県令三島通庸の自由民権運動に対する弾圧と会津三方道路の強行建設に反対した農民三〇〇〇人が蜂起して喜多方警察に押し掛けた福島事件が発生。

一八八四（明治一七）年五月には、高崎で中山道鉄道開設式に合わせて農民三千人が蜂起した群馬事件が発生。同年九月には、県令三島通庸の暗殺を謀ったとする加波山事件が起こった。

その最大の規模のものが明治一七年一一月、秩父で起こった困民党による秩父暴動である。

横浜開港後の貿易自由化によって、秩父の農民は蚕糸を輸出し現金収入をえていた。しかし、西南戦争後のインフレを抑えるために松方正義が行った兌換紙幣により、蚕価が暴落。借金を返せなくなって生活苦にあえいだ農民が借金棒引きなどの要求を求めたことが秩父事件のきっかけとなっている。これに当時の自由党の左派がオルグに入り、政治性を帯びた始めたことから、従来の百姓一揆とは異なる性質をもった事件に発展した。

一八八四（明治一七）年一一月一日、秩父で蜂起した参加者は一万名を超えたといわれる。

秩父困民党総理・田代栄助以下参加者は鉄砲などの武器を備え、隊列を組み整然と行動した。高利貸しを襲い、借金の証文を破り捨て郡の代官所を占領した。秩父は統治機構を失い、一時、解放区と化した。

その政治意識の高まりを示すものに、蜂起に参加した農民二名が「我輩既ニ大宮裁判所ノ書類ヲ焼キ其庁ヲ毀テリ、朝廷ヨリ置ク庁ヲ毀ツ、既ニ朝敵ナリ」と叫んで進軍した話を伝えている（田中千弥日記）。また、別の者は「恐レナガラ今カラ天朝様ニ敵対スルカラ加勢シロ」と言いながら蜂起を触れまわったという。

困民党の意識は、諸要求獲得のための百姓一揆を超え、日本の支配者である天皇制府に反旗を翻す「革命運動」に高揚していった。田代栄助以下の幹部も、このような政治意識の高まりを背景に「自由自治元年」のスローガンを筵旗に掲げ、太政官政府の出先機関である郡代を襲ったものと考えられる。ちなみに、困民党総理の田代栄助は一八三四年生。壮年期に至るまでの人生を、将軍家のお膝元・関八州で過ごしたことは、その「朝敵意識」の形成に大きな影響を与えたであろう。

しかし、困民党の勢力は長く続かなかった。反乱を聞きつけた明治政府はすぐさま高崎連隊を出動。鎮圧に動き出す。各地の蜂起を期待していた困民党だが、呼応して蜂起する動きはなく、個別に撃破され、次第に包囲網は狭められる。田代栄助が郡代の本部を撤退したのは、郡代占領から、わずか三日後のことだった。秩父蜂起は、徴兵制によって農村から集められた軍隊によって鎮圧される。

秩父事件の逮捕者は三千名を超え、空前の規模となった。田代ら七名の幹部は逮捕され処刑される（幹部の一人、井上伝蔵は行方をくらまし北海道まで逃げ『完全逃亡』に成功する）。

秩父蜂起は局地的かつ短期間ではあったが、郡部を制圧し解放区においた。長期的な見通しには欠けていたが、その歴史的意義は今日にも及んでいる。

近代日本にも、大規模な民衆反乱があったこと。政府の派出所を襲って占領した例は、以後の日本の歴史をみてもない。何よりも、天皇政府に対する「挑戦」であることが、参加者の端々に至るまで意識化されていたことは、事件の「共和制的体質」を物語る。

秩父事件が、従来の農民一揆と異なり、ある種の憧憬を持って語り継がれてきたのは、近代日本の桎梏からの解放を感じさせる点にあるからではないだろうか。共和主義的空間を確保した点において、自由民権の思想を体現したものとなった。

明治一七年の秩父事件は、自由民権運動が最高潮に達した段階だった。秩父事件の鎮圧を境にして運動はやがて潮を引いていく。保安条例がしかれ、中江兆民らは東京から追放され、自由民権運動は終焉する。

そして明治二二年、大日本帝国憲法発布される。「天皇は神聖にして侵すべからず」存在になる。せっかく日本の民衆に動き出した共和制の萌芽も、ここで一頓挫することになる。

日本共和主義の松明は、やがて台頭する幸徳秋水や木下尚江らの社会主義者によって引き継がれていく。

木下尚江と城泉太郎の共和主義

自由民権運動以降の明治の共和主義者を代表する人物に木下尚江がいる（一八六九〜一九三七年）。長野県松本に生まれた木下は、少年期に一八七九年にアメリカの前大統領・グラントが来日した際に、初めて共和制と天皇制の違いについて知り、衝撃を受ける。中学生になってイギリスのチャールズ二世を処刑した清教徒革命の指導者、クロムウェルの伝記を読んで感動し、共和主義者になったといわれる。同じ頃、※飯田事件の裁判で、深編笠を被り両手を繋がれた死刑囚の「堂々たる姿」を見て感嗚を受け、自由民権運動に傾倒する。

長じて代言人（弁護士）となり、普通選挙運動や廃娼運動に参加する。普選運動で逮捕・投獄され、代言人をやめた後は信濃日報の主筆になり、上京して明治三〇年代には毎日新聞の記者となった。主筆・島田三郎の片腕として、田中正造の足尾鉱毒事件の支援をした。やがてキリスト教社会主義に接近。一九〇〇年に幸徳秋水、片山潜、安部磯雄らと社会主義協会を設立する。

この間、一貫して木下は「共和主義者」を自認し、天皇制を批判した。その痛烈な批判は、当時、まだ天皇制下の社会主義者を夢見ていた幸徳秋水から「君のやうな男があるために、社会主義者が世間から誤解される。非常に迷惑だ」と言われるほどだった。

そのほか、当時の木下と接触した人に河上肇と吉野作造がいる。特に河上は、木下の演説について「天皇神権論に対する攻撃は露骨だった（中略）その時、私の心にデモクラシーが芽生えた」とまで語っている。

社会主義協会は、やがて平民社と改称し、「平民新聞」の発行はじめ、当時の社会主義者の中核的存在となる。一九〇三（明治三六）年一一月二九日の平民新聞で、木下は「君主観」を発表。天皇制について次のように述べている。

「明治の維新は『天子』『神裔』など言へる一種宗教政治の信仰を動機としたるものにして、國民最大部分の感情は皇帝崇拝に依て僅に満足を得つつあり（中略）『皇位主體』説が曲学阿世と指弾せらるるに拘らず、尚ほ隆々として勢力を恣にする所以なり」とし、続いて「先ず宗教観を解剖せよ」と述べ「我が博識なる学者と一般国民とが『君主』論の前に恐怖逡巡するの一事は思想開発上の至大障得たり、是れ疑問の最奥たる宗教的君主観に向て解剖の利刀を試むるものなきが為めに非ずや」

前出の中江や植木に比べれば、明瞭な天皇批判である。「日本のクロムウェル」を自称した木下の天皇制批判の特徴は、社会主義よりも、むしろキリスト教的世界観にあった。後年、当時を振り返って木下は「僕は社会主義の理論なんて何にも知らなかった。僕がやりたかったのは共和主義だった」と述べている。

このほか、木下は一九〇四（明治三七）年から毎日新聞に「良人の告白」を連載し、自らの体験を交えながら、文学的な手法で天皇制を批判している。

「不敬といえば、白井、天下一品の珍談を聞いたぞ。慮は美篶刈る信濃國、ウム、君の郷里のしかも君の出てきた中学だ、そこではご真影の前に出るとき、靴を脱いで裸足になるんだそうな。嘘の様な話だが、実際だとサ」

そして、クロムウェルがチャールズ一世を処刑したことを引用して、天皇神権を批判している。当時、不敬罪があったことを考えれば、相当思い切った文章である。その結果、「良人の告白」は明治四三年に発禁処分を受けた。

一九〇五年、木下は東京市議会選に立候補するも、政府の露骨な干渉に会い、落選。さらに日露戦争を批判した平民新聞が発行停止となり、平民社は解散の憂き目にあう。木下は、これを機に運動から離れる。

しかし、木下は運動から離れた後も、終生、共和主義者であることを自認し続けたという。一九三四年に開催された大逆事件についての講演会で「あれはムツヒト（明治天皇）が自分の顔に泥を塗ったようなものだ」と公言したことは広く伝えられている。

ただ、木下は、体質的に思想家と言うよりは文学者であった。また、廃娼運動をしたと思えば普選運動、次は足尾鉱毒事件というように、移り気な性格も災いした。長期的な見通しをもって粘り強く継続的に運動に取り組む姿勢には欠けるきらいがあった。年齢を重ねるにつれ内面化の傾向は強まり、晩年は、座禅の岡田虎三郎に師事したと思えば、キリスト教に戻ったり、混迷の度合いを深めていく。個性が強く、思想上の継承者を持つことなく終わったことは惜しまれる。とくに平民社解散後は社会運動と離れたため、影響力は少なくなっていった。

戦前の共和主義者を代表するもう一人の人物は、福沢諭吉の弟子だった城泉太郎（一八五六〜一九三六年）である。

長岡市に生まれた城は、幼少期に戊辰戦争を経験する。明治五年に慶応義塾の教師となり、学生に「非勤王主義」を講演したとされる。明治六年頃には、学生とともに「社会共和組」と称する秘密結社を作って「共和政体論」を広めたという。城の主張する共和政は「大統領制」だった。

その影響は、岩倉具視や勝海舟が日本はやがて大統領制になるのではないかと心配するほど広まったという。やがて自由民権運動に参加し、板垣退助にフランスの事情などを教えたという。明治二二年には中江兆民らと共に、後藤象二郎の大同団結運動にも参加した。

城のまとまった天皇制批判の文章として知られているのは、明治二五年（一八九三年）に書かれた「支那の大統領」である。

「今日は世界各国に民主政体続々として興起し、西半球に於ては貴族政体既に尽く絶滅し、南北亜米利加に於ける数多の邦国は総て民主政治となれり。（中略）仏蘭西の如きは、已に平民政体を採用し（中略）其他欧州各国の貴族も漸時に其威光を減損して、人民の勢力の漸く増加し、虚無党、社会党、無政府党の如き平民均一主義を主張する所の政党結社は、日に月に其版図を皇張せんとす。（中略）我支那帝國は三千有余年の間、尭舜主義の試験を為して其の全く無益なる事を証明せり。換言すれば三千余年依然として進歩せざりしは、即ち赤子主義の無効なりし確証なり」

「支那の大統領」は、日本軍が清朝を滅亡させ、大混乱に陥った中国で大統領選挙が実施されるというフィクションを基にした論文である。三千年に亘って皇帝制度を採用していた中国に大統領制度を導入することを仮定しながら、その実際は日本の天皇制批判を意図して書かれた。

作品の背景には日清戦争がある。文中で「赤子主義」の無効を主張している点は評価できるが、日本のアジア侵略による「中国解放」の設定はいただけない。後年の日中戦争で、日本が汪兆銘の傀儡政権を樹立した手法に通じる発想だ。アジア民衆との連帯を欠落した点に、城の共和思想の危うさがある。

しかし、「支那の大統領」は官憲の目をおそれたため、発刊されることはなかった。その全容が明らかになったのは、戦後二三年たった一九六八年である。

城もまた、終生、共和主義者であることを自認し続けた。社会主義者だった木下とは違い、城は社会改良主義者だった。所得税も間接税も廃止した土地単税論を主張していた。この点も、明治思想界における城の位置付けを分かりにくくしている原因である。城も後年は運動から離れ、個人主義的傾向を強めていく。

木下と城は、戦前の天皇制下における共和主義者として自己完結した人生を送った。明治時代にあって堂々と天皇制を批判し、昭和一〇年代まで共和主義者を貫いたのは「奇観」とでもいうべき存在だった。しかし、社会運動から乖離して内面化した共和主義は、権力にとって何の痛痒にもならないことを、彼らの後半生は物語っている。

※一八八四年、長野県下伊那郡飯田町（現在は飯田市）の「愛国正理社」という自由主義団体の桜井平吉らが大規模な農民蜂起を準備中に逮捕された事件。首謀者の一人、八木重治が名古屋連隊入隊中に兵士二〇〇名をオルグし、名古屋連隊の占領と蜂起を計画していたといわれる。

三　大逆事件異論（一九〇〇年〜一九一一年）

大逆事件の「正しい理解」とは？

西暦二〇一一年は、「大逆事件」で幸徳秋水らが刑死されて百年目に当たる。「大逆事件」は、幸徳秋水らが明治天皇を暗殺しようとしたとされる事件である。だが現在では、明治政府による「フレームアップ」とするのが共通の歴史認識となっている。

同時に、大逆事件は社会主義者に対する「思想弾圧」の意味合いを持っていた。日本弁護士会の会長である宇都宮健児（当時）は、二〇一一年九月七日「大逆事件死刑執行一〇〇年の慰霊祭に当たっての会長談話」を発表した。

秋水はじめ大逆事件の犠牲者は、当時の明治政府に批判的な人々への弾圧であって、適正な手続きなく異常な心理により死刑判決がくだされた冤罪であるとし、政府による思想・言論弾圧であると批難。「非業の死を遂げた秋水はじめ犠牲者の名誉回復を図る」と述べた。

さらに、二〇〇六年に連続して起った立川テント村の活動家の自衛官庁舎ビラ入れによる逮捕事件と社会保険庁の職員の共産党ビラ入れ逮捕事件、そして日の丸・君が代の強制などが相次いだ点にも触れ、大逆事件が、現在の権力による反戦運動などにたいする弾圧と通底するものがあり「日本国憲法の思想信条の自由を守り、それを制約しようとする国家の動きを十分監視していく」と述べた。

二〇一一年は、刑死した幸徳秋水の生誕一四〇年を迎える年でもあった。秋水はじめ菅野スガ等の大逆事件の犠牲者を名誉回復し、再評価する集いが、高知・長野などで起こった。

これに先立つ一〇年前の西暦二〇〇〇年、秋水の生誕地である高知県中村市では、幸徳秋水を顕彰する決議が市議会による全会一致で採択されている。

「幸徳秋水はこの九〇余年間、いわゆる大逆事件の首謀者として暗い影を負い続けてきたが、幸徳秋水をはじめとする関係者に対し、二〇世紀最後の年に当たり、我々の義務として正しい理解によってこれを評価し、名誉の回復を諮るべきである。よって中村市議会は郷土の先覚者である幸徳秋水を讃え顕彰することを決議する」（平成一二年一二月一九日　中村市議会）

このように、日本各地で秋水らの「名誉回復」に向けた動きが始まっている。高知では、秋水を郷土の生んだ「偉人」として、「秋水マンガ」が作られ「ご当地アイドル」としての「人気」も巻き起こっている。

「大逆事件百年」を契機に、司法・検察権力をチェックし、その行きすぎに歯止めをかける動きがでてきたこと自体は素直に評価したい。

また、戦前は明治政府への「国家反逆者」として、省みられなかった幸徳秋水たちを、等身大の人間として、再評価する動きが地域レベルで起こりはじめたことについては、日本の民衆が、戦前の皇国史観の呪縛から、ようやく解放されはじめたのだ、との感慨を抱く。

だが、いっぽうで、大逆事件について、「冤罪」の視点のみで、評価しようとする動きに対し、違和感を覚えるのも事実である。秋水や菅野らを、「明治政府のフレームアップによって弾圧された悲劇の人物」として「被害者意識」的に捉えることにも。

大逆事件にかかわった人々の生きた時代は、日本が封建体制から近代国家に移行し、アジアにおける侵略戦争を開始した時代であった。「天皇は神聖にして侵すべからず」と謳われた大日本帝国憲法の桎梏に彼らは呻吟した。

私の違和感は、どうやら、百年前の彼らを「日本国憲法」下に生きる我々の視点のみで、評価しようとしている点にある。いわば「戦後民主主義」的に、こぢんまりと納まった幸徳秋水像に物足りないものを感じるのはわたしだけだろうか。

たとえば、宇都宮健児は、明治天皇を本気で暗殺しようと考えた宮下太吉らについて、どのように考えているのだろうか？

中村市議会は、秋水が、天皇制の解体を考えたことも「正しい理解」をしようとしているのか？秋水とその同志を「顕彰」する前に「検証」しなければならないことがありそうだ。

本項では、大逆事件の「事件性」から一定の距離を置いて、秋水とその周辺にいた菅野スガ・宮下太吉らの「思想性」からアプローチすることで、大逆事件の本質と、今日的な共和主義の意義を探ってみたい。

「冤罪」の眼鏡で見えてくるもの。そして見えてこないもの。

「戦後民主主義史観」のフィルターをはずさなければ「見えてこないもの」が秋水と大逆事件にはあ

りそうである。

秋水は天皇制を否定したのか？

幸徳伝次郎（秋水は号）の思想遍歴は、意外なほどの春秋に富んでいる。一八七一年に生まれた幸徳は、同郷の中江兆民を頼って上京。兆民の仏学塾に入門。まずは自由民権運動活動家として世に出る。

次いで、当時広まりつつあった友愛会に影響を受け、キリスト教に入信する。幸徳が「社会主義者」としての立場を明らかにするのは、そののちのことである。ナロードニキ運動の影響を受けたのちも、アメリカに赴き、アメリカ式の労働運動を研究するなど、必ずしも首尾一貫したものではなかった。

天皇制について、一九〇一（明治三三）年時点では、「古今東西、王化の洽く行はれて、人民忠良の心極めて熾んなるは、独り皇統一系なるに非ず（中略）皇家が一般に人民と直接親近するの時に在り、皇家が事実に於て人民全体の代表者の時に在り」（万朝報、明治三三年五月一八日）と述べ、師・中江兆民の影響を受けた立憲君主制の立場を明らかにしている。

また、一九〇三（明治三五）年の段階では、「社会主義と国体」で「日本の皇統一系連綿たるのは、実に祖宗列聖が常に社会人民全体の平和と進歩と幸福とを目的とせらるるが為めに、斯かる繁栄を期したのである、是れ実に東洋の社会主義者の誇りとする所であらねばならぬ」「社会主義と天皇制は矛盾しない」と述べ、天皇制を肯定していた。さらに、「日本の皇帝は独逸の年少皇帝と異なり。戦争を好まずして平和を重んじ給ふ。圧制を好まずして自由を重んず」などといっているように、日露戦争の直前まで天皇が平和主義者とする幻想すら抱いていた。この時点では、木下尚江の反君主主義の方がはるかに進んでいた。

幸徳は、その短い人生の晩年に至るまで、社会主義者であるにもかかわらず立憲君主主義者という、矛盾した考えの持ち主だったのである。

その幸徳が、確信的に天皇制を否定するに至った時期は、日露戦争の反戦運動といわれている。しかし、不思議なことに、それ以後も、秋水が、天皇制を批判した文書は、どこにも見当たらない。死後発表された遺稿にもない。

幸徳の発言で天皇制を批判した記録に残っているのは、大逆事件の裁判で、森近運平の聴取録にある次の一節である。

「幸徳ハ、ソノ時吾々暴動者一同デ二重橋カラ押シ入リ、番兵ヲ追ヒノケ、宮中ニ入リテシマエバ、軍隊ガキテモ、宮中ニ向カッテ鉄砲ハ打ツマイカラ安全デアル、ト申シマシタ。私ハソノ時、前以ッテ以後ハ無政府共産ニスルト云フ詔勅ヲ書イテ持参シ、天皇ニ談判シテ印ヲ押シテモラエバ、日本歴史ハオシマヒニナリ、面白イデアラウ、ト申シマスト、幸徳ハタダサヤウナ詔勅デハイカヌカラ、サラニ今日マデノ政治ハ誤ッテヲルカラ、以後ハ無政府共産トシ、一平民トナリテ、衆トトモニ楽シミヲトモニスル、ト云フ天皇ノ詔勅ヲ出サネバナラヌ、ト申シマシタ」

比較的まとまった天皇制批判だが、これも森近運平の言葉であって、どこまで正確な発言かは、幾分か割り引いて考える必要があろう。

生前の幸徳が天皇制について触れた最後の文章は、大逆事件の被告として捕えられ、獄中から弁護人に送った手紙の一節である。

「無政府主義者の革命が成るのとき、皇室をドウするのかとの問題が先日も出ましたが、それも、われわれが指揮・命令すべきことではありません。皇室みずから決すべき問題です。前にももうすごとく、無政府主義者は、武力・権力に強制されない万人自由の社会の実現をのぞむのです。その社会の成るのとき、なんびとが皇室をドウするという権力をもち、命令をくだしうる者がありましょう。他人の自由を害しないかぎり、皇室は自由に勝手に、その尊栄・幸福をたもつの途に出でうるので、なんらの束縛をうくべきはずではありません」

これを読む限り、天皇制に関しては、幸徳は自由主義者・個人主義者という印象を受ける。当初は天皇制を肯定していた幸徳が、日露戦争で天皇制に懐疑的になった。最終的には、天皇が自らの判断で「一平民」―民衆の一人となることによって、天皇制が解体され、平等社会の実現を理想とするに至る。立憲君主主義から個人の自由主義、穏健な共和主義の思想的変遷が読み取れる。

そこに見られるのは、きわめて常識的な、リベラルな自由主義者像であって、天皇暗殺を計画するような冒険主義やニヒリズムは微塵もない。

大逆事件の本当の「主役」宮下太吉

これに対し、幸徳らと共に天皇暗殺計画を企てたとされる無政府主義者のグループの事実上のリーダー、宮下太吉の立場は終始一貫して明瞭である。

宮下は一八七五年山梨県に生まれ、一六歳から機械工として各地を転々とし、一九〇七年に日刊平民新聞を読んで社会主義者として活動を始めたとされる。その宮下が、天皇制に反対する考えを持ったのは、一九〇八年、革命僧・内山愚童の「入獄記念　無政府共産」を読んだことがきっかけといわれる。同書は、当時非合法の出版物であり、徹底的に天皇を批判した文書だった。

当時、日露戦争で八万人の犠牲者が出ており、軍隊を統率する天皇に、宮下は強い反感を抱いていた。

「無政府共産」を読んで共感した宮下は、内山愚童の「なぜにお前は貧乏する。ワケを知らずば聞かしやうか。天子、金もち、大地主。人の血を吸ふダニがおる」「今の政府を亡ぼして、天子なき自由国にするということが、なぜむほんにんのすることでなく、正義をおもんずる勇士のすることであるかというに（中略）今の天子の祖先は（中略）熊坂長範や大江山の酒天童子の成功したものである」と書かれたパンフレットを「天皇陛下なんて有り難いもんじゃありませんよ」と言いながら配ったという。

宮下は、大逆事件で逮捕された後、当時を振り返って、こう語る。

「人民ハ皇室ノ事ニ関スルト、私ノ説ニ一向耳ヲ傾ケナイノテス、却ッテ警察官カ天子ノ通行スル道筋ニ丁以内ニ於テ農業スル事ハ出来ナイト言フ触ヲ出セハ、人民ハ喜ンテ夫レニ従フ様テシタ、此ニ於ヒテ私ハ、我国ノ人民ハ斯クモ皇室ヲ迷信シテ居ル、之レテハ如何ナル立派ナル社会主義モ実行スル事カ出来ナイカラ、先ツ爆裂弾ヲ造リ天子ニ投付ケテ、天子モ我々ト同シク血ノ出ル人間テアル事ヲ言フ事ヲ知ラシメ、人民ノ迷信ヲ破ラネハナラヌト覚悟致シマシタ」（宮下太吉第二一回予審調書　一九〇九（明治四三）年一〇月二〇日　大逆事件訴訟記録第一六冊より）

宮下は、その直前に、片山潜に会い、天皇制について質したところ、片山は「議会で社会党が多数派を占めれば憲法改正によって皇室の地位をかえることができる」と答えたらしい。

議会戦術が遠回りであることに失望した宮下は、直接的な方法を模索して同書のパンフレットを配布し、その反応が悪くなかったことから「暗殺計画」を考えるに至った、とされる。

宮下太吉が、社会主義者として名声を博していた幸徳秋水のもとを訪問して天皇暗殺計画をもちかけたのは、一九〇九（明治四二）年二月のことである。

当初、幸徳は、宮下の計画に批判的で乗り気ではなかった。宮下の提案に対し「いずれ将来はその必要があるかもしれない。また、そのようなことをする人もいるでしょうな」とすげなく受け流している。

むしろ、宮下の計画に興味を示したのは、愛人の菅野スガのほうだった。菅野スガは、裁判で堂々と自らの信念を主張している。

「今ノ元首ハ、個人トシテハコレヲナクスルノハ、実ニ御気ノ毒トハ思ヒマスガ、吾々ヲ迫害スル機関ノ元首トシテ、政事上ニ坐ッテヰル人デスカラ、実ニヤムヲ得ナイノデアリマス。ツマリ、掠奪者ノ首領デスカラヤムヲ得ヌノデス。ナゼ御気ノ毒ダト云ヘバ、タダ大臣等ニマカセテオキ、社会ノ事ヲ直接ニ知ラナイカライカヌノダト思ヒマス。モシ今少シ平民主義デ、吾々ガ直接ニ話ガデキルヤウナワケナラバ、御判リニナルカラ、迫害ノ事モナクナッテクルダラウト思ヒマスガ、今日ノ有様デハ、吾々ガ元首ニ話ストイフコトハ、到底望マレマセヌ」（第一回調書）

その後、一九一〇（明治四三）年にかけて、数度、暗殺計画について話し合いがもたれたとされる。行動派の宮下は、一九〇九（明治四二）年一一月三日（天長節）に、長野県明科の山中で、炸裂弾の試作もしている。

段階的かつ穏健な天皇制の解体を説く幸徳と、宮下・菅野の急進主義。これは、両者の育ってきた背景の違いである。

中江兆民の薫陶を受け、万朝報の新聞記者となり、文章家・理論家として名をはせたインテリの幸徳。

かたや鉄工所の労働者のたたき上げの宮下太吉は、全国各地を転々とする職工の生活を送った（その足跡は現代の派遣労働者を思わせる）。菅野スガは、父親の事業の失敗で幼いころから困窮生活を送り、性的虐待も受けたといわれる。男尊女卑的傾向の強かった時代に苦学して新聞記者となった努力家でもある。明治という貧しい時代に辛酸をなめつくして生きてきた二人が、「現人神（あらひとがみ）」とされた天皇に爆弾を投げ、その鮮血を見せつけることで、自分たちと同じ人間であることを証明しようとする心情は、百年後の今も哀切を感じる。

大逆事件の本質として、司法権の濫用が指摘される。天皇の暗殺計画を話し合っただけで死刑にするというのは、欽定憲法下とはいえ、近代法としては明らかに行き過ぎである。権力による私刑、リンチにほかならない。前述の宇都宮のように、司法権力の行き過ぎに歯止めをかけ、憲法の思想信条の自由を守る視点は重要である。

いっぽうで、宮下、菅野そして幸徳らによって、明治天皇を暗殺する計画が「謀議」されたことも、また明白な事実である。

いままで、大逆事件と云えば、清廉潔白の人・幸徳秋水を指し、近年はジェンダーフリー的観点から菅野スガが評価されてきた。もっぱら冤罪と思想信条の弾圧の問題に焦点化して語られてきた。「明治天皇暗殺計画」は、大逆事件のもう一つの側面である。その主導的な役割を果たしたのは、宮下太吉だった。戦前はタブー視されてきた大逆事件が、今なお、宮下の存在について、過小評価されてきたのは、事件の本質が「反天皇事件」であることと無縁ではない。

冤罪と権力のフレームアップを強調するあまり、天皇を暗殺しようとした計画を隠蔽し、事件の本質が天皇制廃止の問題であることまでを捻じ曲げてはなるまい。

秋水は宮下とは別のやり方で天皇制を解体することを考えていた。そのことを「大逆事件の暗い影」とするのではなく、そこに光を当て、両者の違いをふくめて明らかにしていくことが「正しい理解」につながるのではないだろうか。

信州明科の山中で実際に炸裂弾を作った宮下は、幸徳を上回る確信的な反天皇主義者だった。行きつく先は天皇制の廃止であっても、爆殺を主張する宮下、菅野ら（このほか新村忠雄と古河力作が主張したとされる）と、それに逡巡する幸徳は、暗殺計画をめぐって激しく対立した、とされる。絶望的な暗殺計画を諫め、中止させられなかったのは、むしろ幸徳の責任であろう。血気の勇にはやる宮下を戒め、一歩引かせる。お互いの考えの違いを整理し、長期的な展望とプランを提示する。幸徳は、年齢的にも、声望の面からも、理論面でも、宮下よりはるかに豊富だった。病気がちだったとはいえ、指導力を発揮できなかったことが悔やまれる。ロシアのナロードニキが犯した過ちをよく知っていた幸徳が、無謀な計画を、なぜ止めることができなかったのか。

引き続き前記の森近証言によれば一九〇九（明治四二）年一一月には「自分は病弱のため、どうせ長生きできる体ではないので、いっそ死ぬのであればめざましいことをやって死にたい。爆裂弾をもって五〇人位血気の士で暴動を興し、まず、電信電話や鉄道などの交通機関を途絶する。そして諸官省を破壊し登記所や税務署を焼き払えば所有権の証明もなくなるから人民が勝手に財産を自分のものにできる（中略）爆裂弾で暴動を起こせば来会した貧民は機に乗じて米や酒を略奪するだろう。暗殺する必要のあるものを天長節の夜会のとき襲えば多数の要人を一時に殺せて都合がよい。元老や大臣だけではなく天子もやらねばならぬ。そうすれば一日や二日で東京の秩序は破壊され、金持ちや大臣はどこかに逃げてしまい、革命が出来るだろう」と酒席で放言している始末なのだ。

閉ざされた人間関係の論議が、物分かりのいい穏健派よりも、威勢のいい「腕力派」に押し切られるのは、古今東西同じである。

暗殺計画に反対の意思表示をして、宮下との関係を断ち切る。さもなくば（レーニンのように）海外に高飛びする。明確な姿勢を示すことなく、幸徳は、ずるずると引き摺られる。、それが大逆事件の「首謀者」の心証を与え、死刑の悲劇につながっていく。

幸徳秋水における「責任の取り方」

炸裂弾の試作に成功したものの、具体的な計画がまとまることなく一九一〇（明治四三）年の年が明けた。同年の正月、幸徳は、年賀状にざれ歌を書き添えて全国の同志に送っている。

爆弾の飛ぶよと見てし初夢は
　千代田の松の雪折れの夢

幸徳の逮捕のきっかけとなったざれ歌である。このざれ歌は、いちはやく警察のスパイに察知され、包囲網が張られた。

一九一〇（明治四三）年五月、宮下太吉は、明科製材所に隠し持っていた爆裂弾の材料が密告によって押収され、爆発物取締罰則違反容疑で逮捕される。同年六月、幸徳秋水ほか菅野スガら二〇数名も逮捕される。

そして、六ヶ月後の一九一一（明治四四）年一月一八日には二四名に大逆罪が適用され、死刑が宣告される。ちなみに、大逆罪は通称である。正式には刑法第七三条「天皇・太皇太后・皇太后・皇后・皇太子、又ハ皇太孫ニ対シ、危害ヲ加へ、又ハ加ヘントシタルモノハ、死刑ニ処ス」という名称である。普通の殺人罪と違い、未遂・陰謀・予備と適応範囲が広く、大審院の特別権限に属して、一審で終審、上告の手段がない。誤判に対する救済もない、前時代的な法律であった。

裁判の結果、坂本清馬ら一二名は特赦により無期懲役に減刑された。幸徳秋水、宮下太吉、内山愚童、奥宮健之、菅野スガら一二名は死刑が宣告された。死刑宣告の際に、幸徳は「無政府党万歳」と叫んだとされる。

死刑宣告の六日後の一月二四日（菅野は二五日）に刑は執行された。きわめて異例のスピードであった。

宮下は、絞首台に登り、執行の直前に「無政府党バンッ」を叫んだところで、執行人があわててハンドルをひいた。いいたいことが最後まで言わせてもらえずに息絶えた。

幸徳は、裁判で検事と裁判官に対し「無政府主義者の革命は皇室をなくすことであり、幸徳の計画は暴力革命をおこなうのである。故にこれに組したものは大逆罪をおこなわんとしたという三段論法でせめてくる」と筋論で抗議している。内心は宮下らに恨み節もあったと推測されるが、裁判から死に至るまで、その素振りをおくびにも見せなかったことに、見事なまでの「責任の取り方」を感じる。死に臨んで従容とし、いささかも取り乱すことがなかったとされる。

幸徳は、死の二週間前に弁護人の平出修に宛てた手紙には「今回の事件でいおうとしても、云うべき自由がない。思うに百年の後、だれか私に代わっていってくれる者があるだろう」と書き送っている。

宮下太吉と幸徳秋水。生まれ育ちも手法も考え方も、そして死に至るまで対照的な二人ではあったが、皮肉なことに、同じく死刑にされることで、天皇制に対する反逆者としての評価が、後世において同一化した。

本来は穏健な自由主義者だった幸徳が「天皇制への反逆者」として後世から偶像視されるのは、宮下太吉の思想と混同されてしまっているからではないだろうか。

幸徳の死から百年。すでに多くの人によって、大逆事件と幸徳秋水について語られてきた。幸徳を悲劇のヒーローに祭り上げるのではない。その失敗と思想的限界も含めて等身大の理解をする段階にきている。

宮下太吉や新村忠雄、内山愚童や奥宮健之等についても、地域史の視点から、その人となりを明らかにする作業が、ようやく始まった。

「共和主義的視点」からの大逆事件評価は、まだ始まったばかりである。

四　治安維持法下の抵抗――根絶できなかった共和主義（一九一一年～一九四五年）

戦前共産党の天皇観

一九一一年の大逆事件の死刑執行の翌年に明治天皇が死去。病弱な大正天皇が即位する。一九一四年には第一次世界大戦が勃発。日本は直接戦火を交えることはなかったが、一九一七年のロシア革命に乗じたシベリアに出兵する。これと軌を一にして、全国で米騒動が起きる。「大正デモクラシー」で高まった自由主義を背景に、史上初の政党内閣が成立する（原敬）。大逆事件でダメージを受けた日本の大衆運動も、この機運に乗じて、再び活性化していく。もっとも、その自由主義は一九二五年の治安維持法成立までの短い期間ではあったが――。

この時期の日本の共和思想を担ったのは、やはり、幸徳ら社会主義者の流れを汲む、片山潜、荒畑寒村らの人々である。

一九二二年、日本共産党が結成される。結成に参加したのは、山川均、堺利彦、橋浦時雄ほか数名だった。

共産党は設立当初から天皇制の廃止を主張していた。その基本方針となったのは、コミンテルンから発表された、いわゆる「一九二二年テーゼ」である。これをもとに、日本共産党綱領草案がつくられることになる。

同草案では、天皇制を半封建的大土地所有者の筆頭とみなした。プロレタリア革命のためには、まずブルジョワ革命を行わなければならないとしている。そのために、君主制と貴族院を廃止し、天皇・地主・寺社等の土地を没収せよ、と述べている。

一九二二年テーゼを作成したのは、コミンテルンの日本担当だったブハーリンと言われている。天皇制廃止の方針について、日本の実情をわきまえない、非現実的な指令だったとする批判は今も多い。そもそも日本共産党の結党が一九二一年のモスクワで開催されたコミンテルン第四回大会での指令に依っていた。

この大会に参加した日本側の代表は片山潜である。大会の直後に開催された日本問題委員会の出席者は、ブハーリン、李大釿、片山潜らだった。共産党の創立大会の書記を務めたとされる高瀬清（一九〇一〜一九七三）によれば、「綱領の問題について同志片山が天皇制の廃止を最も強硬に主張した。彼はアメリカにいた関係ばかりでなく心から天皇制に対して憎悪をもっていたようだった。そして討論の成果をまとめてブハーリンによって日本共産党綱領草案が起草され、それは後に僕が持ち帰って臨時大会の討論の原本となったものだ」と述べている（日本共産党創立史話より）。

結成間もない日本共産党内では、このテーゼをめぐり、天皇制廃止を前面に出すか否か、当初から激しい論議があった。しかし、大逆事件の影響もあり、片山をはじめとする当時の共産党幹部が、天皇制を支配権力の頂点とみなし、侵略と搾取の象徴として措定することの原則的な考えは共通していた。

引き続いて臨時党大会での高瀬の証言によれば「ブハーリンのテーゼを中心に国家権力の性格規定

の問題から天皇制廃止の問題について論議がたたかわされた。その原則論には反対するものは一人もいなかったが、これを直ちに党の政策としてかかげることには反対論が出た」。問題となったのは、その「やり方」であった。ちなみに強行に反対したのは、のち転向第一号となる佐野学といわれる。当初からモスクワの指令は絶対的なものだった。海外生活が長く、国内の事情をよく知らない片山潜が初期共産党の中心だったことも影響し、テーゼと現実は齟齬をきたした。

同草案は、一九二三年三月の臨時党大会で論議された。しかし、天皇制廃止を論議したことで、同年六月、官憲の弾圧をうける。これによって同草案は審議未了で終った。

しかし、共産党は引き続いて天皇制廃止を主張し続けた。

組織を再建し、一九二七年には渡辺正之輔らがコミンテルンと協議し「日本問題に関する決議（一九二七年テーゼ）を発表する。ここでも天皇制廃止と天皇所有地の没収が明記されている。内部批判はありつつも、共産党が天皇制廃止を看板に掲げたのは、コミンテルンの指令とともに、彼らの「主体的な判断」があったことが推測される。

共産党の隠語の「オヤジ」は天皇のことである。この隠語に彼らの天皇制に関する心理が端的に表現されているように、共産党は、大衆にアピールするために「わかりやすい」敵として天皇制を批判する手法を取った。そのことの当否はさておき、天皇制打倒のスローガンが、当時の共産党にとって一定の求心力をもったこともまた、ひとつの歴史的運動側面である。

では、戦前の一般の活動家は、天皇制についてどのような考えを持っていたか。

一例をあげると、東京美術学校（芸大）の学生で、プロレタリア美術家同盟（ヤップ）の活動をしていた洲之内徹（一九一三〜一九八七　戦後は作家・美術商）が逮捕された時の話である。特高の主任として悪名を馳せた山縣為三の取り調べを受けた時「革命になると天皇陛下はどうなるのか」と聞かれ、「そりゃ、まあ、要らなくなるだろうな」と洲之内は答えたという（その後、洲之内は拷問を受けている）。

このように、幹部だけではなく、一般の活動家まで、深く天皇制廃止意識が浸透していた。

一九三一〜三二年には、コミンテルンで片山潜、野坂参三、山本縣藏らが参加し、日本問題についての本格的な討議がされた。これが、いわゆる「三二年テーゼ」である。「三二年テーゼ」は、日本の帝国主義的侵略を批判し、日本の支配制度を絶対主義的天皇制、地主的土地所有、独占資本の三本柱として、当面の革命を社会主義的革命の強行的転化の傾向をもつブルジョワ民主主義革命と規定。そのための「大衆政党」としての共産党の役割を示したものである。戦後の共産党の方向性に大きな影響を与えたと言われる。

同テーゼでは、天皇制について「日本の具体的情勢の分析の出発点とならればならぬ第一のもの」として重要視している。天皇制が、半封建的地主階級と近代ブルジョワジーの両方に立脚し、両階級の利益を代表するものと分析。「天皇制は国内の政治的反動といっさいの封建制の残滓の主要支柱である」「天皇制国家機構は、搾取諸階級の現存の独裁の強固な背骨となっている」とし「その粉砕は日本における主要なる革命的任務中の第一」と位置付けた。そして共産党の主要任務として、筆頭に「天皇制の転覆」を掲げた。

同テーゼは、戦前の天皇制の性格と性質を鋭く分析し、寄生的地主の廃止と農地解放、七時間労働制など、戦後の諸改革につながる提起がなされている点で意義深いものである。しかし一方で「天皇制反対の革命的気分は陸海軍の中に、学生層、等々の中に浸潤しつつある」という、現実離れした認識もある。

日本共産党は治安維持法下の日本で、権力に弾圧されながらも、果敢に帝国主義侵略に反対した。しかし、原則と現実認識のギャップから、共産党の闘争は次第に大衆から乖離していった。その結果、田中清玄らによる「武装共産党」の極左冒険戦術の失敗と、スパイM事件による深刻な内部分裂が党勢の衰退に拍車をかけた。そして、苛烈を極めた弾圧によって、洲之内はじめ、多くの党員が転向していった。渡辺正之輔と山本宣治は白色テロルに暗殺された。小林多喜二や野呂栄太郎、重政鶴之助のように官憲の拷問で殺されるものも多数いた。

共産党が実質的に壊滅するのは一九三五年頃である。一九三二年テーゼはわずか三年の命でしかなかった。

しかし、徳田求一、志賀義雄、宮本顕治ら幹部は逮捕され、拷問されても意志を変えなかった。あるいは、野坂参三のように、中国に亡命して活動を続ける者もいた。

戦前の共産党の方針と活動についての批判は多数あるが、本論の主旨から外れる部分があるので、ここでは詳細を省く。現在の日本の共産主義と共産党の抱える問題も含めて、冷静な再検証と再評価がなされるべき問題であろう。ただ、共和思想史的な視点からは、共産党が度重なる弾圧があったにもかかわらず、天皇制廃止を掲げ続けたことと、「獄中十八年」の不転向が戦後の共和制思想の継承につながったことを記しておきたい。

丘浅次郎の共和制論

治安維持法成立から終戦にいたるまでの二〇年間、天皇制による国家と民衆の一体化を完成させた日本は、太平洋戦争へと突き進んでいく。その渦中にあって、共産党の天皇制批判は「特殊的なもの」と評価されてきた。しかし、前記の木下尚江、城泉太郎のように、孤塁を守る共和主義者たちがいた。

このほかに特筆すべき存在として、生物学者の丘浅次郎（一八六八～一九四四）がいる。丘は、一九二四年に発表した論文「猿の群れから共和国まで」で、人間あるいは社会の進化は「服従性」の退化をもたらし、世襲王国から共和国に移行すると予言した。

丘によれば、生産性の低い封建社会にあっては、人は強者に服従しなければ生きられなかった。王制はそのために成立した（猿山のボス猿がそれに類似した存在である）。

しかし、近代になって社会が発展するにつれ、個人の自発性が確立される社会になると、必ずしも特定の個人に服従する必要はなくなる。従って世襲の王朝は不要になり、共和制国家に移行する、というのが論旨である。丘の共和制論は、ダーウィンの進化論をそのまま人間社会に適応した「社会進化論」とでもいうべきものであった。

丘は、天皇制を直接的に批判したわけではない。生物の進化論的比喩を用いて、世襲王制が段階的に自然淘汰され共和制に移行するとし、王制一般を批判した。日本固有の天皇制の特殊性批判は巧みに回避した。

一九二〇年代、ロシア革命・中国革命の影響もあり、世界で王制から共和制に移行する国々が次第に増えつつあった。表向きはアメリカやヨーロッパの共和制一般に対する分析の体裁をとりつつ、高度な修辞やレトリックを駆使して陰に天皇制を批判する手法を取った。たとえば、国体＝国家を批判する用語として「團體的精神の退化」とし、革命に至る民衆の動きを「服従性の退化」と表現した。この点で、丘の講義を受けたことのある大杉栄は、社会主義との符号を認めつつも「丘は人間と動物を全く同一視し過ぎて生物学と社会学の区別を忘れた」と不満を漏らしている。また、丘の生物学論は「人種生存の点からいへば、腕力・健康ともに劣等なものを人為的に生存せしめて、人種全体の負担を重くする様な仕組を成るべく減じ」という優生学的な危うさを含んでいた。

一九二四年段階で日本の共和制を予言した点に丘の先見性がある。だが、丘の共和制論は、あまりにも図式的で、日本社会の緻密な現状分析と歴史認識、その根底を為す人間観とヒューマニズムが欠落していた。また、社会運動との接点がなく、生物学者からの唯物論を堅持したため、その影響力は限られた。

庶民の抵抗

いっぽうで、民衆の自発的な天皇制批判が、戦前の治安維持法下にも存在した。前記の家永論文は、司法省刑事局思想部編部外秘文書から、次の事例を列挙している。

1　昭和三年不敬罪に問われた伊沢武雄の供述より

「天皇トカ、何ントトカ、ト称フ名称ハ、要スルニ、対人的ナモノデハアリマセヌ。彼モ自然人ノ一人デアリマス。両親ノ色慾ノ所産デアリマス」「彼等ガ今日ノ地位ニアルノハ、国民ノ歴史的迷信ヨリ来レル僥倖デアリ、全ク反自然的デアリマス」。伊沢は「思想的背景無し」とされる。

2　昭和二年、横浜の自動車運輸業主・飯島久太郎の発言

皇族旅行の新聞記事を読みつつ「我国には此の様な穀潰しが居るから国民の負担が過重となるのだ」。

3　昭和三年、慈恵医科大学予科教授篠原雄は、妻と共に「天皇は人間」と墨書したビラを撒布した。取り調べの結果、研究に没頭した揚句「精神に異常をきたした」として起訴猶予となる。

4　人夫・沼田新蔵の発言

「秩父宮が東京駅で汽車に乗れば上りの汽車は新橋駅で止めて仕舞ひ、其他の各駅では一時間前より乗客の交通止めをして、人の自由を束縛して居る。而かも特別列車に乗つて居り其費用は総て国民が負担するので、俺等は三等に乗るにも汗の金だ。秩父宮も人間だ。同じ人間であるのに、自由を束縛するのは怪しからぬ」

「我々に殿下殿下と敬礼させて居るが、我々と同じ人間で我々と何の変りがあるか」

5　高知県某村の村長・中島直彦の場合

御真影奉迎の準備に関し、小学校長が打合せのために村役場に来た時「御真影は偶像である。業を休んで仰々敷迎ふる必要はあるまい。学校の門か各自の家の門にて迎へても可ならん。郵送にても可なりと思ふ」と発言した。

いずれの場合も、その背後に組織性・思想性はなしと判断されている。

このように、隣組制度が隅々までいきわたった戦争下でも、民衆の天皇制批判はやむことがなかった。治安維持法と特高の暴力弾圧をもってしても日本の共和主義は根絶できなかったのである。

戦前・戦中と、共和思想は、地下水脈のようにこんこんと流れ続けた。その水脈は、終戦とともに、一気に噴出してくる。

五　まぼろしの憲法草案――高野岩三郎の共和国憲法草案（戦後～現在まで）

二つの共和国憲法―高野岩三郎試案と共産党試案

一九四五年八月一五日、日本はポツダム宣言を受諾し、太平洋戦争の終戦を迎えた。日本の新しい支配者となったのは、アメリカを中心とする占領軍だった。占領直後の一〇月、マッカーサーを総司令官とするＧＨＱは、日本政府に対し、ポツダム宣言に基づいて民主的な憲法に改正するよう指令をだした。

これをうけて、憲法問題調査会が作られ、新憲法の草案策定作業が始まった。新憲法の策定に関わったのは、宮沢俊義や森戸辰男といった、戦前の吉野作蔵の民本主義～美濃部達吉の天皇機関説の流れを汲む法律学者たちだった。

同じく一〇月、日本共産党に対する追放が解除される。獄中から解放され、公然活動ができるようになった徳田求一、志賀義雄ら共産党執行部は、天皇制廃止と人民共和制樹立の声明を発表。独自の共和国憲法試案の作成を開始する。

日本の共和思想は再び息を吹き返した。

戦後発表された憲法草案としては、日本国憲法（現行憲法）と、共産党の共和国憲法試案が有名だが、この二つに隠れて、もうひとつの憲法試案が発表されていたことは、あまり知られていない。戦後、日本放送協会（ＮＨＫ）会長を務めた高野岩三郎（一八七一〜一九四九）の「共和国憲法試案」である。

高野は、当初、統計学者として知られた。統計経済学の手法から労働者の家計を分析し、労働問題にも関心を持つようになる。東大法学部から独立して経済学部の設立に尽力した高野は、政府から一九一九年のベルサイユ条約会議の労働代表として推薦される。しかし、労働組合からの推薦がなかったことが友愛会などから批判され、東大教授を辞任することになる。その後、大内兵衛、森戸辰男らと大原社会問題研究所に参加する。この時代、高野は日本労農党の設立にも関係している。

そして、戦後間もない一九四六年一月、ＮＨＫ会長に就任する。従来のＮＨＫ会長は政府によって決められていたが、高野の就任は放送委員の「民主的な」選挙によって決定したものだった。学者の高野が日本放送協会長に就任した背景には、当時、放送委員だった岩波茂雄や、宮本百合子ら共産党の推薦があったとされる。

同時期、高野は中国から帰国した野坂参三の帰国歓迎会に出席。国民による民主主義的憲法制定会議の招集を提唱している。民主人民戦線の世話人になるなど、共産党とはきわめて近い立場にあった。その最中の一九四六年二月、雑誌「新生」に「因はれたる民衆」と題した論文を発表する。この中に、自ら作成した共和主義思想に基づく憲法試案を発表した。

高野は、もともと宮沢俊義らの憲法問題調査会に属し、憲法草案の策定に関与していた。宮沢らが天皇制を存続しようとしていたのに対し、高野は新憲法に共和政の採択を主張。独自に日本共和国憲法試案要綱を提案した。しかし、天皇制の廃止をめぐって宮沢らと意見が対立。高野試案は採択されなかったため、止むなく個人的意見として発表に至った経緯がある。高野が宮沢らと袂を分かったのは「五年十年の後（中略）反動的分子が天皇を担ぎあげて再挙を計ることも絶無なりとは断じ難い」と考えたからであり「此際あっさりと天皇制を廃止して主権在民の民主制を確立し、人心の一新を期せなければならぬ」と考えたからであった。

共産党とは違って個人的なものではあるが、前記の民主主義的憲法制定会議の一環である。

高野としては、これが完成形ではなかった。むしろ、これを機に憲法を国民が民主的に論議し、国民主体で憲法を制定する運動をつくっていく意図をもって発表されたものである。

改正憲法試案要綱

根本原則

天皇制ニ代ヘテ大統領ヲ元首トスル共和制ノ採用

第一　主権及ビ元首

日本国ノ主権ハ日本国民ニ属スル

日本国ノ元首ハ国民ノ選挙スル大統領トス

大統領ノ任期ハ四年トシ再選ヲ妨ゲザルモ三選スルヲ得ズ

大統領ハ国ノ内外ニ対シ国民ヲ代表ス

立法権ハ議会ニ属ス
議会ノ召集ソノ開会及ビ閉会ハ議会ノ決議ニヨリ大統領之ニ当ル大統領ハ議会ヲ解散スルヲ得ズ
議会閉会中公益上緊急ノ必要アリト認ムルトキハ大統領ハ臨時議会ヲ召集ス
大統領ハ行政権ヲ執行シ国務大臣ヲ任免ス
条約ノ締結ハ議会ノ議決ヲ経テ大統領之ニ当ル
爵位勲章其他ノ栄典ハ一切廃止ス、其ノ効力ハ過去与ヘラレタルモノニ及ブ

第二　国民ノ権利義務
国民ハ居住及ビ移転ノ自由ヲ有ス
国民ハ通信ノ自由ヲ有ス
国民ハ公益ノ必要アル場合ノ外其ノ所有権ヲ侵サルルコトナシ
国民ハ信教ノ自由ヲ有ス
国民ハ言論著作出版集会及ビ結社ノ自由ヲ有ス
国民ハ憲法ヲ遵守シ社会的共同生活ノ法則ヲ遵奉スルノ義務ヲ有ス
国民ハ納税ノ義務ヲ有ス
国民ハ労働ノ義務ヲ有ス
国民ハ生存ノ権利ヲ有ス
国民ハ教育ヲ受クル権利ヲ有ス

国民ハ休養ノ権利ヲ有ス

国民ハ文化的享楽ノ権利ヲ有ス

第三　議会

議会ハ第一院及ビ第二院ヲ以テ成立ス

第一院ハ選挙法ノ定ムル所ニ依リ国民ノ直接選挙シタル議員ヲ以テ組織ス

第二院ハ各種職業等ニ其ノ中ニ於ケル階層ヨリ選挙セラレタル議員ヲ以テ組織ス議員ノ任期ハ三年トシ毎年三分ノ一ヅツヲ改選ス

何人モ同時ニ両院ノ議員タルコトヲ得ズ

二タビ第一院ヲ通過シタル法律案ハ第二院ニ於テ否決スルコトヲ得ズ

両院ハ各々其ノ総議員三分ノ一以上出席スルニ非ザレバ議決ヲナスコト得ズ

両院ノ議事ハ一切公開トシ之ヲ速記シテ公表スベシ

両院ハ各々其ノ議決ニヨリ特殊問題ニ付キ委員会ヲ設ケコレニ人民ヲ召喚シ意見ヲ聴聞スルコトヲ得

両院ノ議事ハ過半数ヲ以テ決ス可否同数ナルトキハ議長ノ決スル所ニ依ル

両院ノ議員ハ院内ニ於テナシタル発言及ビ表決ニ付キ院外ニ於テ責ヲ負フコトナシ

両院ノ議員ハ現行犯罪ヲ除ク外会期中又ハ院ノ許諾ナクシテ逮捕セラルルコトナシ

両院ハ各々政府又ハ大臣ニ対シ不信任ノ表決ヲナスコトヲ得此ノ場合政府又ハ大臣直チニ其ノ職

去ルベシ

第四　政府及ビ大臣

政府ハ各省大臣及ビ無任所大臣ヲ以テ組織ス

第五　経済及ビ労働

土地ハ国有トス

公益上必要トナル生産手段ハ議会ノ議決ニ依リ漸次国有ニ移スヘシ

労働ハ如何ナル場合ニモ一日八時間ヲ超ユルヲ得ズ

労働ノ報酬ハ労働者ノ文化生活水準ニ下ルコトヲ得ズ

第六　文化及科学

凡テ教育其他文化ノ享受ハ男女ノ間ニ差異ヲ設クベカラズ

一切ノ教育ハ真理ノ追及真実ノ闡明ヲ目標トスル科学性ニ其ノ根拠ヲ置クベシ

第七　司法

司法権ハ裁判所更生法及ビ審法ノ規定ニ従ヒ裁判所之ヲ行フ

司法権ハ行政権ニヨリ侵サルルコトナシ

行政官庁ノ処分ニヨリ権利ヲ損害セラレ又ハ正当ノ利益ヲ損害セラレタリトスル場合ニ対シ別ニ行政裁判所ヲ設ク

第八　財政

国ノ歳出歳入ハ詳細明確ニ予算ニ規定シ毎年議会ニ提出シテ其ノ承認ヲ経ベシ

予算ハ先ヅ第一院ニ提出スベシ其ノ承認ヲ経タル項目及ビ金額ニ就テハ第二院之ヲ否決スルヲ得ズ

租税ノ賦課ハ公正ニ行ハレ苟クモ消費税ヲ偏重シテ民衆ノ負担ノ過重ヲ来サザルヤウ注意スルヲ要ス

歳入歳出ノ決算ハ速ニ会計検査院ニ提出シ其ノ検査確定ヲ経ル後政府ハ之ヲ次ノ会計年度ニ議会ニ提出シテ承認ヲ得ベシ

第九　憲法ノ改正及ビ国民投票

将来此ノ憲法ノ条項ヲ改正スルノ必要アリト認メタルトキハ大統領又ハ第一院若シクハ第二院ハ議案ヲ作成シ之ヲ議会ノ議ニ附スベシ

此ノ場合ニ於テ両院ハ各々其ノ議員三分ノ二以上出席スルニ非ザレバ議事ヲ開ラクコトヲ得ズ出席議員三分ノ二以上ノ多数ヲ得ルニ非ザレバ改正ノ議決ヲナスコトヲ得ズ

国民全般ノ利害ニ関係アル問題ヲシテ国民投票ニ附スル必要アリト認ムル事項アルトキハ前揚憲

法改正ノ規定ニ準ジテ其ノ可否ヲ決スベシ

付　枢密院ハ之ヲ廃止ス

以上、九章六二条で構成されている。やや短い印象を受けるが、共和主義の基本的な思想は反映されている。

高野試案の特徴は、根本原理と第一章に、大統領制の採用を主張している点にある。任期四年・三選不可はアメリカの大統領制度に倣ったものと考えられる。ちなみに、同時期に発表された共産党試案では、大統領制はない。

第一章の一〇条では、爵位勲章栄典を過去にさかのぼって廃止している。

第二章は、国民の自由権利義務の規定で、自由と権利が明記されている点である。これは、日本国憲法の基本的人権の尊重と全く同じであり、その点については宮沢俊義らの憲法調査会と意識は共有されている。

第三章で面白いのは、議会の二院が、各種職業と各階層から議員を選ぶとしている点である。これは、共産党試案にもない、ユニークな階級的視点である。

第五章の経済政策は、土地の国有化が明記されている。共産党試案にも同様の趣旨が明記されている。

同じく四章二の労働について、労働三権の詳細な条文はない。八時間労働制と報酬についてのみ条文に記されている。

第七章では、司法について、誤審があった場合に、行政裁判所の設置を義務付けている。

第八章の財政で興味深いのは、消費税の偏重が民衆に負担を課すことに警鐘を鳴らしている条文である。

そして高野試案の最大の特徴は、第九章で国民投票の条文がある点だ。国民全般の利害に関係する個別事項に関して憲法改正の規定に準じて国民投票する、という条文は、共産党試案にも明記されていない。

高野試案の今日的意義は、天皇制廃止だけではない。すでに一九四六年時点で国民投票という、「直接民主主義」を明記している先進性にある。

いま、福島原発事故を契機に、原発の是非を国民投票で問う運動が始まっている。しかし、現行憲法には個別事項の国民投票の規定はない。選挙で選ばれた議員が主権を行使する間接民主主義の憲法のため、憲法改正以外の国民投票は出来ないのである。

議会制民主主義の日本国憲法と比較すると、高野試案は「直接民主主義的共和制」とでもいうべき内容となっている。直接民主主義という点において、その急進性は共産党以上とも評価できる。

高野試案のもうひとつの特徴は、軍備や防衛に関する条文がない点にある。現行憲法の最大の特徴は、第二章（九条）の戦争放棄にあるのだが、高野試案には平和や不戦の条文はない。

この問題について、高野が宮沢俊義らの憲法調査会について属していた点から、同様の認識を共有していたと推測できる。また、共産党試案第五条にも「いっさいの侵略戦争に加担しない」との条文があることからも、当時の民主勢力にとって、反戦と交戦権の否定は、共通認識だったと考えられる。高野は、あえて条文化しないことで、日本にとっての非軍事化の正当性を訴えようとしたのではないだろうか。密室政治の温床だった枢密院の廃止を最後に附しているのも時代を反映している。

このほか、高野試案の違和感としては、死刑廃止について触れていないこと（共産党試案には死刑廃止がある）。第四章に、共和政にもかかわらず「大臣」がいること。両性の平等が第六章の教育文化にしかないこと。さらに、第二章に、公益の必要ある場合は国民の所有権が制限される規定があることが、今日的視点からは問題点となろう。

高野試案について、日本国憲法と共産党の中間に位置すると評価する声もある。とくに第一章・天皇制について、高野は「代ヘテ」とするのみで、共産党に比べて明確に「廃止」の表現を打ち出していない。これについて、後世の研究者から「高野は天皇制廃止の方針でなく、大統領制に『代える』ことで、実質的には天皇制の温存を図った」とする、うがった見方がある。だが、この点については、前記のとおり「新生」紙上で天皇制廃止を明言していたことから、単なる表現の違いであって、額面通り天皇制廃止と受け止めるほうが妥当であろう。

閉ざされた共和制の道

終戦を期に、高野や共産党のほかにも、天皇の退位と共和制を求める声が国内で挙がりはじめた。代表的存在としては、法曹家の正木昊が共和制への移行を主張している。

天皇裕仁の戦争責任を問う声は、日本国内だけでなく、中国、フィリピンはじめ太平洋戦争の被害にあった国々からも挙がっていた。米ソ冷戦の開始により、ＧＨＱ内部ではマッカーサーを中心に天皇制維持の考えだったが、むしろアメリカ国内では天皇制廃止の世論が強かった。

一一月、ＧＨＱの指令によって宮内省が廃止される。帝国陸海軍の解体という「外堀」に続いて、ついに宮内省という「内堀」を埋められた。

追い詰められた天皇が戦争責任の追及をかわすために打った苦肉の策が「人間宣言」だった。

一九四六年一月一日、天皇が自らの神格化を否定した詔書・いわゆる「人間宣言」が発表された。詔書（宣言）は、冒頭に五カ条の御誓文を掲げ（前略）「朕と爾等国民との間の紐帯は、終始相互の信頼と敬愛によりて結ばれ、たんなる神話と伝説とにより生ぜるものに非ず。天皇をもって現御神《あらつきがみ》とし、かつ日本国民をもって他の民族に優越せる民族にして、延《ひ》いて世界を支配すべき運命を有すとの架空なる観念に基づくものにもあらず」（後略）とする内容である。まず、天皇は、神格化を自ら否定し、太平洋戦争の精神的基盤となった「八紘一宇」を否定することで、アメリカの心証を得ようとした。

次に天皇が打った手は、祖父・明治天皇に倣い、自ら足を運んで全国各地に赴き国民と直接触れ合うことだった。「巡幸」によって敗戦によって一度離れた国民の支持を回復しようと試みた。

二月から「人間宣言」した天皇の「巡幸」が開始される。高野試案の発表と人間宣言・巡幸が軌を一にするのは偶然ではない。天皇の人間宣言と全国巡幸は、翌三月に発表される日本国憲法改正案に明記される「象徴天皇制」の、いわば「前触れ」「顔見せ興行」とでもいうべきものだった。

天皇は、延命策の総仕上げとして「象徴天皇制」を明記した憲法に改正することを考えた。天皇は実権を持たずに国民統合の「象徴」となることで、戦後の地位を確保しようと画策した。

天皇が、なによりも恐れていたのは、天皇制廃止＝「共和制」の動きが広がることだった。息子はまだ幼かった。仮に自分が戦争責任を取って退位したとしても、終戦直後の混乱期に、息子への譲位と皇位の存続を、国際社会が認める可能性は低い。「万世一系の皇統」は、ここで断絶することになる。皇統を伝えるには「まだ自分が頑張らなければ」と裕仁は考えた。人間宣言と巡幸は、今風にいえば、共和政を未然に阻止し、天皇制を存続するための「必死のパフォーマンス」だった。

なお、共産党は、天皇巡幸に反対の声明をだしている。

三月六日、象徴天皇制・主権在民・戦争放棄の三原則を規定した憲法改正草案要綱が発表される。同日、マッカーサーも同要綱支持を表明している。

四月に行われた戦後初の選挙では共産党が議席を獲得し国会に進出した。

五月一二日には、皇居坂下門に千人以上の民衆が集まり「食料よこせ」の要求をした。

五月一九日の食糧メーデーには、「詔書　国体はゴジされたぞ　朕はタラフク食ってるぞ　ナンジ人民飢えて死ね　ギョメイギョジ　日本共産党田中精機細胞」と書かれたプラカードが掲げられた。危機感を抱いた天皇は、五月二四日、国民に対し、食糧危機を「家族国家」として国民一体となって切り抜けることを呼びかける放送をした。

六月に開かれた帝国議会で「日本国憲法改正案」が提出される。同時期に共産党は「人民共和国憲法草案」を発表している。

八月、憲法改正案は衆議院で可決された。

一〇月には貴族院と枢密院でも可決。

一一月三日、憲法公布。

憲法改正について、国民の公聴会や意見交換会が行われることはなかった。国民投票も行われなかった。日本国憲法は、国民一人一人の意思を問うことなく、たった一度の衆議院選挙で選ばれた議員と、旧体制の残存勢力である貴族院と枢密院で可決されたのであった。草案発表後、わずか半年余りで成立という、異例の超スピード審議だった。

これによって共和政憲法の道は閉ざされた。

日本国内で共和制論議が花開いたのは、一年間という極めて短い期間だった。しかも、その間、大日本帝国憲法は、廃止も停止もされることなく、アメリカの占領下に延命した。日本国憲法は、その大日本帝国憲法の「改正」という手続きで成立する。戦争放棄を明記した「平和憲法」の最終的な裁可者として憲法に名を残したのは、大戦の詔勅に署名した、ほかならぬ天皇裕仁であった。

以後、日本国憲法と象徴天皇制はそのままズルズルと定着していく。制定後六七年、憲法は一度も改定されることなく、現在に至っている。

むすび

家永三郎は象徴天皇制について「天皇の地位を曖昧ならしめることによって共和主義の論理に水を

割る効果を発揮した」と前述の論文で述べている。確かに、象徴天皇制の効果はテキメンで、以後、天皇制廃止と共和制論議は火の消えたようになくなっていった。

戦後の一時期までは天皇制即時廃止論を主張していた共産党も、占領軍を「解放軍」と規定する方針がコミンフォルムから批判されたことを機に、路線の転換を求める宮本顕治ら「国際派」と、民族解放路線を主張する徳田求一ら「所感派」に分裂する。所感派は山村工作隊を結成し、火炎びん製造などの極左冒険主義に走るが失敗。徳田は中国に亡命し客死する。

一九五五年の第六回全国協議会（六全協）以後は方針を転換し、宮本顕治らが主導権を握る。以後、憲法に関しては「将来的には共和制に移行」するが、「当面は現行憲法維持」の立場を、今日に至るまで五八年間、一貫して変えていない。

二〇一二年の憲法調査会で共産党は「ゆくゆくは民主共和制に移行する」との声明を発表し、当初の原則的な考えを再確認した。しかし「ゆくゆく」の具体的な時期は明らかにしていない。

そして高野岩三郎は、NHK会長の任期中の一九四六年一〇月、放送協会のストライキに直面する。ストを指導した共産党とは対立し「蜜月の時代」は終わる。奇しくもストの翌月に日本国憲法が公布されたのだった。

高野岩三郎は統計学の第一人者としての実績と誠実な人柄で、学会での声望はあった。しかし、専門は経済学であったため、共和主義のイデオローグとしての役割は果たせなかった。高野門下から共和主義の系譜を継ぐ学派がでなかったのはそのためである。また、元来が研究者で、対人交渉的な部分では脇の甘い所があった。一九一九年の労働代表団での友愛会との対立に続き、一九四六年のストでは労働組合・共産党との関係悪化と、同じ轍を二度踏んでいる。年齢的にも、一九四六年時点で七〇代半ばであり、共和主義運動の組織者としての体力と時間は残されていなかった。労働運動から孤立した高野を、やがて病魔が襲う。

翌一九四七年二月、日本初となる筈だったゼネストがGHQの指令により中止される（二・一ゼネスト中止）。統一戦線の夢は潰えた。これを機に、日本の「逆コース」が始まる。

二年後の一九四九年、高野は死亡する。共和政試案は、高野の存在と共に歴史の彼方に消え去っていった。その後、高野の系譜を継ぐ人は絶えた。

一九六〇年から一九七〇年にかけて盛んだった学生運動から生まれた新左翼の諸党派からも、積極的な共和制論議がなされた形跡は見られない。

しかし、そのいっぽうで、昭和天皇の戦争責任を問う声は、戦後六七年間を通じて、日本の各地のさまざまな人々から、絶えることなく挙がり続けた。昭和天皇が死んだ一九八九年以降も、戦争責任を追及する声はやむことがない。一九九一年、当時の長崎の本島等市長は「天皇の戦争責任はあると思う」と発言して銃撃された。また、一部の無党派の市民運動では公然と天皇制廃止を主張するグループが活動している。しかし、これらの無党派の市民グループも、共和思想と自ら主張する天皇制反対をどうつなげていくのかについては未知数である。

天皇の戦争責任の追及と、共和制論議が噛み合わない点に、戦後の、そして現在の日本の共和制論議が深化しない、最大の原因があるように思われる。

共和主義を疎外しているもう一つの原因は、象徴天皇制と憲法九条の平和主義を併記した日本国憲法にある。一九四六年憲法制定後の数年を経て、日本の保守勢力は天皇の「元首化」を求め、九条の戦争放棄を改定し、軍隊の保持を憲法上も認めるべきと言う「右コース」が始まった。これに対し、日本の民主勢力は、天皇の元首化に反対し、象徴天皇制を「守る」立場をとった。共和政と天皇制廃止を主張する姿勢は取らなかったのである。以来、六〇年以上に亘って、日本の民主勢力の多くは一貫して象徴天皇制維持の立場に依っている。

そして、憲法を一字一句替えないことで、九条の平和主義を守るという憲法観が、いまもって日本の法曹界と民主勢力を支配している。未来永劫にわたり改憲は許さないという戦後憲法至上主義である。

前出の家永三郎は「憲法第一章『天皇の章は理想案においては不要である』とする見解が、知識社会の内部ではたしてその勢力を増加しつつあるのであろうか、それとも減退しつつあるのであろうか、という問題」について「これらへの解答はすべて他日に譲って一応筆を擱く」と締めくくっている。

それから五十余年。

日本の「知識社会」において、第一章に関する論議がまともにされたことは、ほとんどないまま半世紀が経過した。

こうした最中、六〇年安保〜全共闘の理論的支柱となった吉本隆明が、二〇一二年の死の直前に「天皇制は時代的役割を終え、やがて解体されるだろう」という注目すべき発言をした。九条改憲と天皇元首化という、右からの改憲案提出を機に、従来の護憲運動とは別文脈で少しずつ共和政の動きが出始めていることに注目したい。

以上、日本の共和主義について遡ってみた。わずかではあるが、確かに日本には共和思想が存在した。日本の共和思想は、約七〇年ぶりに行われようとしている「憲法改定」を機に、再び、徐々に顕在化しているように思われる。

脱原発の国会包囲行動に一五万人の人々が集うことに端的に表れてるように、日本の民衆も議会制民主主義の限界を感じ始めている。共和制論議を、たんに天皇制の問題にとどめずに、民衆の直接的な意思決定の手法を論議する文脈の中で問う論議の手法も問われている。

第四章　直接民主主義と共和制を考える

文学的抵抗の限界

戦後の改憲反対運動は、昭和天皇の戦争責任の追及や天皇制一般は否定しても、憲法第一章を否定することはなかった。

しかし、戦後の日本社会で共和制を求める動きが全くなかったわけではない。辻元清美氏や、「共和制を日本に」というサイトを立ち上げていた若槻泰雄氏のように、第一章の削除や共和制を主張していた人は、（少数ではあるが）確かにいた。

戦後共和主義は、学問体系や組織によってではなく、戦後憲法の欺瞞性に問題意識を持つ、彼ら自覚的な個人主義者たちによって連綿と伝えられてきた。二一世紀の現在、改憲という複雑な政治局面において「九条を一条に」「護憲から共和制へ」のスローガンが、ようやく顕在化してきたのは、その人たちの弛みない努力の賜物だ。

いっぽうで個人的に発言することの限界はあるのではないか。

政治状況と切り離されたところで天皇制反対や共和制を言っても、どうしても変人扱いされて終わってしまう。

たとえば「天皇制批判の常識」という本を出版し「共和主義者」を自称する小谷野敦という文学者がいる。

一《いち》文学者として、そして個人として天皇制批判の本を出版するには、右翼や世間を敵に回す。相当な信念と覚悟が必要になる。それについては敬意を表する。いっぽうで、これとともに、大衆運動との結節点を見出す努力をしていかない限り「文学的抵抗」「個人の良心」の問題で終わってしまう。ツイッター、つぶやきでは弱いのであって、やはり、改憲という、リアルな政治状況において、大衆運動として位置付けて筋道立てて第一章の削除をダイレクトにアピールしないと、辻元氏のように足元をすくわれる恐れがある。

このテーマを語ることは、ともすれば観念や感情が先走る。大衆から意識が乖離しがちだ。孤立や分断を防ぐために、この数年間、私は改憲で共和制を主張することの是非について、東京・京都・長野ほか各地で何度も論議を積み重ねてきた。その際「君の意見は個人として尊重するが、今は九条を優先してくれ」「改憲反対派が勝ってから言っても遅くはない」「それまでは我慢してくれ」と言われた。だが、前述したように、仮に護憲派が勝っても九九条のブレーキがかかり、九条を守ることが一章をなくすことに直結しない。

こうして考えると、改憲反対の彼我の力関係や運動の方針と整理して、第一章を憲法の本質的な問題として考えることが重要になってくる。きちんと第一章削除を主張したうえで、戦争国家化の改憲に反対する「分離的結合」。古い表現だが、いま、これが求められているのではないか。

天皇条項の論議をするたびに「改憲反対運動の分断」「改憲派追い風」「時機尚早」の批判が必ず返ってくる。二〇一二年の総選挙で自民党は改憲を掲げ大勝し、護憲勢力の社民・共産両党は議席を減らした。だが、そのことと、ここ数年、私が長野の山中で共和制研究に没頭していたことに、何の因果関係もないことは誰の目にも明らかである。私が各地で共和制論議をしたことで九条の会が分裂したわけでもない。お互いの憲法観の違いを認めつつ、戦争国家化の改憲に反対する共闘は可能というのが私の体験を通じた結論である。

次に、「九条を一条に」を、反改憲・脱原発・反基地の個別課題と、どうやってリンクさせるか？

この両者が一見何の関係もないように思われる。お前こんなこと言っている暇があったら反原発運動やれとか震災の被災者支援しろ、オスプレイに反対しろとか言われる。そうした個別課題をちゃんと取組んで止めさせてからの話で、第一章の問題なんか後回しだ、と批難がくる。

しかし、一見関係ないようでいて、実は九条を一条にする運動が、原発やオスプレイをやめさせることにつながってくる。震災・原発事故の今だからこそ、憲法の矛盾を問い、民衆自身が直接決定することの意義を考えてみたい。

九条ぶら下がりの日本の反戦運動

話の前提として、まず、三・一一震災の原発事故における自衛隊・米軍出動とソマリア海外派兵の問題について触れてみたい。

東日本大震災では、自衛隊が一〇万人規模で動員され、米軍は原子力空母を派遣。首相官邸に米軍が乗りこみ、軍服で会議が行われた。改憲を待たずに国内で実質的な「臨戦態勢」が構築されてしまった。

しかし、どうも世間の反応をみると、自衛隊の出動に好意的な意見が多い。あれだけ映像を見せられれば反戦運動をやっている人でも自衛隊よくやったといいたくなる気持ちは分からないわけではない。だが、そこはやはり、ぐっと抑えて自衛隊が軍隊であるという原点に立ち戻って、今回の出動を批判する作業が不可欠ではないか。

従来の九条を中心とした反戦運動は海外派兵の問題に力点が置かれていた。「国民」統制のために存在する自衛隊・米軍の問題意識が希薄だった。

未だに戦後の日本は「国民が戦争にいかなかったから」平和な社会だったという人がいる。しかし、多くの人が罹災し、原発事故は続いているのに、ソマリアに自衛隊が派兵されてしまった。こうした現実をみるにつけ、自衛隊の本質は軍隊であって、民衆を守るより海外での「国益」を確保するのが優先の組織であることを痛感する。アメリカによる「欠陥飛行機」オスプレイの押し付け配備は、その延長線上にある。

戦争中、日本軍は、国内に爆弾が落とされても、軍隊はインパールやニューギニアで戦っていた。軍隊は国民をまもらなかった。沖縄戦の集団死強制がその例だ。

自衛隊、まして実質的な占領軍の米軍が日本の民衆を守る筈がない。これ以上の突出した動きを許さないためにも、災害時における自衛隊・米軍の出動に反対していくことも重要だ。

日本の民主勢力は、名目的に九条を守ることを自己目的化し、主体的に直接民主主義と共和制に替えていく努力を放棄してきた。そのツケが原発事故やオスプレイ訓練となってきている。

国際貢献だ、名誉ある地位だときれいごとを言っても、いまの日本は放射能を浴びた汚染水を海に垂れ流した「不名誉国家」だ。まずは身の程知らずの国際貢献から撤退し、原発をやめさせることが先決だろう。震災ボランティアも結構だが、継続的な反基地・反戦・反原発運動の連帯がわたしたちに求められている。

原発反対運動における「国民投票運動」をどう評価するか

二〇一一年六月にイタリアで国民投票が行われ、脱原発が決定した。これをうけ、日本でも脱原発を国民投票で決めようとする運動が開始された。国会では、みんなの党が、脱原発に関する国民投票法案を提出した。また、今井一や落合恵子が呼びかけ人となっているグループ「みんなで決めよう脱原発国民投票」運動が地方自治法に基づく住民投票運動を開始した。

周知のように憲法は議会制民主主義が原則である。また憲法四一条では、国会に最高決定権が明記されている。前文にも「正当に選挙された国会における代表を通じて行動し（中略）国政は、国民の厳粛な信託による（中略）その権力は国民の代表者がこれを行使―」と、はっきりと謳われている。ただ、例外的に憲法九四条、九五条で「法律の範囲内」で地方自治にのみ、住民投票が認められている。日本で「国民投票」ができるのは「憲法改正」の時だけである。

これに対し、フランスやロシア、スイスなどでは個別課題の国民投票について、憲法ではっきりと明記されている。

イタリアは、共和国憲法第七五条に基づき脱原発の国民投票を行った。さかのぼる一九四六年には国民投票で王制を廃止している。行政府のリーダーを直接民主主義で選ぶことだけが「共和制」ではない。

国民投票制度を持つ国のほとんどは王政から共和制に移行している。EU加盟の国民投票を実施したオランダも、今は立憲君主制だが、かつて共和政を経験した歴史がある。

共和制経験がなく、立憲君主制を採用しているスウェーデンも、周辺諸国に倣って国民投票の権利を保障して、直接民主主義の手法を柔軟に取り入れている。

しかし、日本の住民投票は、あくまでも地方自治法の範囲内でしかない。地域的に分断されてしまっている。なおかつ、住民投票に必要な署名数を集めても、やる・やらないは首長と議会の判断にゆだねられている。現に、東京都と大阪市では、住民投票に必要な署名数を提出したが、石原前都知事も橋下市長も否定した。新潟県の柏崎刈屋原発の是非を問う住民投票も、泉田知事は反対意見を表明した。

これは、石原や橋下、泉田ら個人の思想以前に、首長の決定権の問題である。議会制民主主義の根底を揺るがしかねない問題だから、議会も住民投票には否定的だ。当初は川勝知事が実施に前向きだった浜岡原発の是非を問う住民投票も議会で否決されてしまった。議員の質や官僚が悪いという以前に、議会制民主主義の抱える必然的な構造の問題である。

それでも住民投票をしたいということになると、民衆の自己決定権と直接民主主義の本質的な思想を考える作業が必要になる。イデオロギーとか理論武装で対抗せざるを得ない。時間はかかっても直接民主主義的「改憲」を論議する必要がある。

しかし、みんなの党も、脱原発国民投票グループも、スウェーデンやリトアニアに倣って改憲はせずに憲法の範囲内での脱原発の国民投票をめざすといっている。発起人の今井一は、自分がやっている脱原発の国民投票運動は、政府の諮問的で参考的なもので法的拘束力はないとはっきりいっている。

基地と原発は国策である。国策の原子力法と地方自治法のウエィトどちらに比重がかかるかといったら、やっぱり現時点の力関係では原子力法に軍配があがってしまう。名護市も住民投票で米軍基地はいらないと決まったのに反故にされてしまった。ダムや道路をつくることとはわけが違う（大型公共事業ですら住民投票にはハードルが高い）。

本当に国民投票で脱原発もしくは脱米軍基地を実現しようと思ったら、どうしても憲法四一条との矛盾がでてくる。憲法または特別法で国民投票の優越を明記することが必要になる。つまり、実質的に改憲せざるをえない。現時点で「国民投票改憲」ができるかどうかは別問題として、日本で国民投票出来ない理由として、憲法の規定があることに向き合い、その矛盾の論議を開始する必要がある。

みんなの党も脱原発国民投票運動も、あえてその点には触れていない。それどころか、今井一は大阪の長居公園のホームレスの問題も住民投票で決めちゃえという滅茶苦茶なことも言っていた。気に入らないヤツは投票で追放しろという陶片追放だ。このような人権を無視した住民投票万能論はオストラキズムであり、きわめて危険な兆候だ。住民投票に適した課題と、そうでない課題は峻別すべきだろう（尖閣諸島や竹島などの領土問題も然りである）。

その点をわきまえた上で、民衆が議会によらずに、直接自己決定で脱原発を決めていくという方向性は考えるべき問題だ。

日本の民衆は、制度的に選挙でしか「民意」を問えない。しかし、日本の選挙制度は小選挙区制が中心である。候補者が地域的に分断され、死票が多く民意が反映されにくい選挙制度である。

日本には参政権の制限はない。投票権は保障されている。だが、立候補するための供託金は世界一高い（衆・参議院三〇〇万円、比例は六〇〇万円各々一人当たり）。国会議員が五人以上いないと「政党」を名乗れないのも政治結社の制限だ。憲法二一条「結社の自由」に違反している。

法的には禁治産者や受刑者以外はだれでも立候補できるが、高額な供託金を払える人はわずか。これによって「被選挙権」は、実質的に制限されている。

加えて、ポスターや街宣車での宣伝アピールも、氏名と党名以外、「愛」「夢」といった抽象的なキャッチコピーしか許されていない。日本の選挙では、奇妙なことに、肝心要の「政策」をポスターに書けないのである。宣伝カーでも政策を訴えるのは御法度とされている。今回の選挙では「反ＴＰＰ」「脱原発」とズバリ政策そのものを党名にする政党がでてきた。政党名に課題と政策を出さないと選挙民（大衆）と直接的な関係が構築できないのを、政治家は否応なく認識せざるを得ない状況になってしまった。

しかし、日本ではいまだに選挙で政策が訴えられるのは街頭演説と集会、パンフレット類の配布だけ。政策本位ではなく、人物本位・政党本位での投票を余儀なくさせている。

このように、日本の選挙において「表現の自由」は著しく侵害されている。ベルギーのように差別表現まで「表現の自由」として容認するのは問題だが、最低限の政策や公約が自由に訴えられないようでは、選挙と政治がますます形骸化する。

近年「シングルイッシュー」という言葉が一般的に浸透してきている。だが、選挙で個別課題を争点化できないようでは棄権者が増加して投票率が低下するのも無理はない。こうして考えると、日本の選挙制度の本質は社会の変革を疎外し現在の体制を維持することに主眼が置かれているといっても過言ではない。

政治資金規正法が牛の毛のよう細かいのも、結果的に立法府に対する検察権力の実質的優越につながっている。ちょっとした会計違反で政治家が逮捕され失脚する。政治に金がかかるのは、政治家個人の問題もあるが、それ以上に選挙に金がかかりすぎる現在の公職選挙法そのものにも問題があるからだ。

こうなれば、公職選挙法こそが民衆の直接的な自己決定権を疎外していると言わざるを得ない。その公職選挙法の根拠となるのは日本国憲法である（脱原発国民投票運動に参加している人の多くが『憲法守れ』と言っているのは全く矛盾している）。

これに加えて、近年は「政治家の数を減らせ」と議員定数削減の声が喧しい。小選挙区制で死に票が多いうえ、比例代表を中心に議員数が減らされれば、多様な民意は反映されなくなるだろう。ますます少数者によって国政が左右される。

百歩譲って議員数を削減するにしても、代替措置として、国民投票や住民投票、だれでも参加可能な住民会議を常設し、重要な課題は直接民主主義で決定していくことを提起しないと、少数独裁になりかねない。

故西岡武夫は行政府の長である首相が立法府の国会議員数の定数を削減することについて「極めて不見識」と名言を述べた。民主主義の原則である三権分立すら、彼方へ忘却されてしまった。

中選挙区制の復活は選択肢のひとつだが、それだけでは限界がある。もう、選挙制度に変わる民意のあり方を問う政治制度に変える段階にきている。河野太郎や橋下徹は「本気で脱原発したかったらデモや国民投票でなく国会議員に陳情しろ」と、まるで秋口の蚊が鳴くような季節外れなことをいっている。だが、いまどき地元選出の国会議員─ほとんどは原発を推進してきた民主か自民─に脱原発について働きかけることが有効な手段と本気で思っている人は何処にもいない。

近年、「議会改革」なる言葉が氾濫しているが、事業仕分けやタウンミーティングといった小手先の手法は、もう通じない。本気で議会を改革するなら「直接民主主義」を導入するしかない。

まずは、現行の選挙制度での変革に限界があることを認識する。そのうえで、デモ・抗議行動で世論形成し、原発の再稼働を事実上ストップさせる。

いっぽうで、原発事故で顕在化した民衆の「直接民主主義的欲求」を大衆運動的にどう評価するか？　大衆運動の力量を過度に評価するのではなく、制度的限界を乗り越える論議をしていくことも、脱原発と反改憲運動に問われている。

九四条［地方公共団体の権能］　地方公共団体は、その財産を管理し、事務を処理し、及び行政を執行する権能を有し、法律の範囲内で条例を制定することができる。

九五条〔特別法の住民投票〕　一の地方公共団体のみに適用される特別法は、法律の定めるところにより、その地方公共団体の住民の投票においてその過半数の同意を得なければ、国会は、これを制定することができない。

直接民主主義の可能性

原発事故で決定的になった議会（国会）と住民（国民）の乖離をどうするか。近年、とりわけ地方自治において常設的な住民投票条例を設置する自治体が増え始めている。三年前、長野県の佐久市では住民投票によって市民会館建中止が決定した。直接民主主義的傾向は、原発事故や沖縄基地問題を契機に、国政レベルに波及しつつあることに、改憲反対運動は、もっと目を向ける必要があるのではないか。

議会制民主主義批判は「新左翼」「無党派市民運動」の専売特許だったが、すっかり大衆に乗り越えられてしまった。直接民主主義的な意思決定をどう獲得していくのかが焦眉の課題として浮上してきた。

憲法には、改憲を除いて、シングルイッシュー（個別課題）の人民（国民）投票の規定はない。地域住民の自決権も保障されていない。

九条の平和主義には「民衆が自らの平和な生活を直接決定する思想がある」と言っている人がいる。しかし、いくらなんでも憲法九条の戦争放棄をもって脱原発の国民投票ができるわけがない。二五条についても然り。

今の憲法は、基本的には議会制民主主義の憲法である。私たちには直接民主主義と地域住民の自決権が保障されていないことをきちんと認識する必要がある。

同等のことは、死刑廃止についても言える。フランスやドイツでは憲法に死刑廃止の条文があり、これをもって死刑を廃止している。いっぽう、日本の死刑廃止論者は憲法二五条の生存権をもって死刑廃止しろと言っている。だが、同様な文章は、ドイツの憲法である基本法にもある（第一条）。フランスの人権宣言（自由と権利における平等）と一九四六年憲法前文にもある（国は、個人と家族にその発展に必要な諸条件を保障する）。

これにひきかえ、自民党の改憲案では、生存権二五条三に「在外国民の保護」を加条。「国外において緊急事態が生じたときは在外国民の保護に努めなければならない」とし、在外邦人の「生存権」の保護を口実に海外派兵を目論んでいる。同じく二五条四では、被害者とその家族の報復意識を増幅し、死刑の存続と重罰・厳罰化を目的とした「犯罪被害者等への配慮」まで条文化している。死刑廃止とは全く逆方向に進んでいる。

このように、抽象的な生存権に加えて死刑廃止を明記した具体的な条文がない限り、生存権は時の政権に恣意的に濫用され、死刑の判断は、生存権をめぐる、その時々の裁判所と法務大臣の個別の考え方や解釈で、コロコロ変わることになる。「反貧困」の生存権についても、経済格差の是正を明記した具体的な条文を「加憲」する必要がある。

国家による生殺与奪権を全面的に認めるのか、否か。「生」と「与」は当たり前だが、「殺」と「奪」を認めない。死刑廃止についても、刑法ではなく、基本法・上位法である憲法の位置付けが求められている。生命を脅かす原発を廃止する条文を「加憲」する提案も、ひとつの生存権の生かし方だ。

個人の集合体が共和制国家の基盤である。

これに対し、日本は、天皇の神話に依拠して国家の生殺与奪権を正当化してきた。戦後の「民主憲法」においても、憲法の冒頭に天皇条項があり、個人と国家の対等な関係を妨げている。

自民党新改憲案第一三条では「個人の尊重」を「人として尊重」と変更。「国民の権利については、公益及び公の秩序に反しない限り（中略）尊重されなければならない」と基本的人権に制限を設けている。

さらに二一条「表現の自由」も変更しようとしている。二一条二項では「公益及び公の秩序を害することを目的とした活動を行い、並びにそれを目的として結社することはならない」とし、公（国益と公の秩序を維持するために、表現の自由と結社の自由に大幅な制限を加えようとすらしている。時代錯誤も甚だしい「滅私奉公」の精神主義だ。

交戦権と戦力不保持を改定して海外派兵と戦争国家化を目論む九条（二）改悪や、緊急事態に名を借りた超法規的強権発動を可能にする九章・九八、九九条の緊急事態宣言もきわめて問題だ。これとともに、一三条や二一条の改悪で、国家主義による表現結社の自由の侵害や私権の制限が、自民党の改憲の目的にあることに注意しなければならない。

すでに、ひとりひとりの個人情報を国家が一元的に管理する国民総背番号制（マイナンバー制度）＝住基ネットが整備されている。国家による民衆の生殺与奪システムの終極形が完成している。改憲は、その延長線にある。

国家と個人の関係性が、いま、問われている。

憲法第一条「国民の総意」を問う

直接民主主義の問題は、第一章の天皇条項「国民の総意」に直結してくる。自民党の改憲案をみても、第一条について象徴天皇制を「元首」とすることに替えられているが、この「国民の総意」だけは替えられていない。いかに自民党といえども、さすがに「天皇は万世一系」とか「神聖にして侵すべからず」に後戻りできないことは十分認識している。平井玄氏はこの国民の総意について「憲法には深い亀裂が走っている」と評したが、まさに憲法第一章について、改憲を契機に、ひとりひとりの「意思」を問う時が来ている。

維新の会が行っている君が代強制条例化や、新自由主義史観の教科書採用などをみるにつけ、日本のナショナリズムの問題を相対化し、乗り越えていく作業が喫緊の課題となっている。そのためには、個別課題を思想信条の自由の次元に留まらせずに、社会制度＝憲法問題として捉える。一九・二一条を現場における強制をやめさせる武器とする一方で、第一章を争点化していくことが不可欠だと私は考える。

かつてのファシズム国家、ドイツとイタリアはいちはやく脱原発を決めた。同じく「枢軸国」だった日本との決定的な政治制度の違いは共和制にある。

一九一八年ドイツ革命で帝政廃止。一九四六年国民投票でイタリア王制廃止。両国とも、とっくの昔に王制と縁を切っている。イタリア憲法では旧王家のサヴォイア家の一族の公職追放と選挙権剥奪まで明記している。フランスでも、ナポレオン一族はいまだに国外追放状態だ。

これと比べて、日本の民衆が直接民主主義と自己決定権を獲得できない根本原因として、天皇の戦争責任問題がある。昭和天皇を退位できなかった無責任体制のツケが、この期に及んで東電や原子力保安委員会にも及んでいる。

民衆が脱原発や基地問題を直接民主主義的に考えるようになったきっかけを、第一章に結びつけて、ひとりひとりの意思を問う。これが今、憲法改悪反対運動が直面する最大の課題だ。脱原発国民投票運動についても「改憲反対運動の分断」ときめつけるのではなく、自己決定権の萌芽と評価し、これを奇貨として直接民主主義と共和制に替えていく論議を開始することを提起したい。

反省点が多いのは脱原発国民投票運動サイドも同様。足を棒にして集めた何十万の署名がオケラになってしまった。残念だが、現在の日本の憲法下では、国民投票が不可能なことを、きちんと認識して頂きたい。そして遠回りのようであるが、まず憲法の矛盾を指摘する。次に議会制民主主義の憲法を、自分たちの問題を自分たちで決定できる憲法に変えていく論議を開始してほしい。

脱原発・九条そして第一章。一見バラバラで無関係に思える課題が、ここにおいて、ようやく一致点を見出すことができる。「直接民主主義」を媒介にすることによって「シングルイッシュー」の分断を乗り越え、「共和制」で人々を結びつけることが可能になる。

共和制はファシズムか？

なんといっても世界人口の九二％、六四億人が非王制人口すなわち共和制人口。そして国内人口の一〇〇人に一人は「外国人労働者」。「日本は単一民族国家説」がまったく通用しなくなっている。今の日本社会は、実に多様な国々から人々が訪れ、働き、生活している。どんなに在特会が排外主義を唱え、維新の会が君が代や新自由史観を押しつけても、グローバリゼーションが進展する時代に、自国中心主義は、やがては世界に相手にされなくなり破綻するであろうことは目に見えている。

いま、総理大臣がコロコロ変わるのが常態化している。小泉を最後に、かつての自民党の吉田・岸・池田・佐藤や三角大福中のようなリーダー像は望むべくもなくなっている。政党政治の終えんと言っていい。

各種世論調査では、「支持政党なし」が半数近くを占めている。「二大政党制」を自負する自民・民主の支持率よりも無党派層の方が多い（安倍バブルの影響で一時的に自民支持は増えているが）。ここまでくれば小選挙区制を基盤にした二大政党制の崩壊どころか議会制民主主義の実質的解体である。

二〇一二年師走の総選挙では、新旧合わせて一二もの政党が乱立した。

多党化それ自体は決して悪い傾向ではない。「二大政党」に頼らずに、一人一人が自己主張を始めたことは民意の多様化と、表現結社の自由の視点から素直に評価したい。むしろ、多様な民意を抑えつけてきた「二大政党制」が非民主的な制度だったのである。

そもそも、自民党自身が政党政治の危機を自覚している。新改憲案では六四条二項に、わざわざ

「政党」の項目を設け「政党が議会制民主主義に不可欠」とし「その健全な発展に努めなければならない」と明記している。大衆が直接民主主義的傾向を帯びていることに対し、憲法で政党を「保護」しなければならない地点にまで追い込まれている。

こうした状況を見るにつけ、議会制民主主義の黄昏を如実に感じる。もう、共和制と直接民主制を本格的に考える段階にきている。これはそのまま日本国憲法を問うことにもなる。

それにしても総理大臣の地位も軽くなったものである。この二〇年で二一人の首相が変わっている。たった一年では主体性を発揮できるわけがない。内閣総理大臣はアメリカ政府の「代官」「総督」でしかない。事実上の「宗主国」であるアメリカ合州国は、弱体化した日本の議院内閣制につけこんでTPPをはじめとする各種自由貿易協定で経済侵略し、オスプレイを押し付け日本列島そのものの軍事基地化を図っている。

担当閣僚は内閣改造やスキャンダルによる更迭で頻繁に変わる。任期が半年程度では、全部官僚の「いいなり」。それを支える代議士たちは有権者に名前を売るのに大童《おおわらわ》。政策よりも「辻立ち五〇回」が最優先されるようでは、国際感覚が身に着く筈がない。ここまでくれば、内閣は足利将軍や戦前の日本の首相並みに弱体化している。

これは優秀な人材の有無以前の問題である。首相や首長、そして議員といった特定の個人に意思決定を付託する制度そのものが限界にきていることを意味する。

代表制度の形骸化は日本だけでなくて世界的な傾向と言っていい。アラブだけでなく、アメリカ・イギリス・フランス・イタリア欧米諸国でも大統領・首相の支持率低下は顕著だ。

「英雄待望論」は世界的に見て過去のものになりつつある。日本でも同じだ。ここ数年、「将来の首相候補」なる人物が次々に期待されては泡沫のように消えていった。政治経験よりも「社会経験」の未熟な小泉進次郎や、国会議員でない橋下徹が首相に期待されている始末なのだ。イメージ先行で中身がなく、タレントの人気投票でしかない（小泉内閣の支持率九〇％と五年間に及ぶ長期政権の背景にはアフガン・イラク両戦争の派兵があったことを冷静に注視すべきだろう）。

そもそもカリスマを否定するのが民主主義だ。政治家も「普通の人間」である。むしろ、議員内閣制が弱体化しているのを好機として、議員や首長に頼らない、民衆の直接参加による民主主義を論議していくことを提起したい。それが私の主張する「直接民主主義的共和制」である。

ところが、佐藤優は「今の日本では共和制はファシズムになる」と共和制を否定している。これに加え、護憲派と言われる学者―河上暁弘なども「天皇制がファシズムの防波堤になっている」と主張している。

自民党改憲案では、前文に、日本国は「国民統合の象徴である天皇を戴く国」と記している。第一章は「天皇は日本国の元首であり、日本国及び日本国民統合の象徴であって、その地位は、主権の存する日本国民の総意に基づく」と天皇の元首化を規定している。

第三条では「国旗は日章旗とし国家は君が代とする」とある。これに加えて第三条二項には「日本国民は国旗及び国歌を尊重しなければならない」とまで記している。うんざりするような日の丸・君が代の強制だ。

話はこれで終わらない。第六条五では「天皇は国又は地方公共団体その他公共団体が主催する式典への出席その他公的な行為を行う」とまでしている。露骨な天皇色は、大日本帝国憲法を想起させ、あたかも「不敬罪」復活の恐怖心すら抱く。

トドメを刺すのは二〇条三の改悪だ。新改憲案では、現行憲法の国・公共機関の宗教活動禁止を改定。「ただし、社会的儀礼又は習俗的行為の範囲を超えないものについては、この限りではない」と追加し、閣僚・議員の靖国参拝を正統化しようとしている。八九条では、そのための国や地方自治体の公金・公財産の支出まで認めようとしている。

アジア諸国に経済的に追い越され、政治的にも追い詰められた保守派が最後にすがるのは、結局は「天皇の権威」と「軍隊」だ。

たとえば、共和政になると「橋下のような人物が大統領になって独裁者が出現する」だから「共和政はファシズムで危険だ」→「それを抑えるのは天皇制＝天皇の権威しかない」という声が、護憲・改憲両派から、まことしやかに挙がっている。だが、これは本末転倒している。憲法で政治的な権能が否定されている天皇に、超憲法的な政治的役割を期待するのは、きわめて危険な兆候だ。それこそがファシズムではないのか？

日本の近代史上「独裁体制」を構築したのは二人いる。一人は明治初年の西南戦争時の参議・大久保利通。もう一人は太平洋戦争時の首相・東条英機である。

大久保は、明治六年（一八七三年）の政変で、西郷隆盛ら征韓派を追放した後、警察権力の中枢である内務省を設立。筆頭参議（事実上の首相）と兼ねて、内務省の初代長官（内務卿）に就任する。大久保は警察網を全国に張り巡らせ、これによって不平分子を摘発するとともに、当時多発した士族反乱の討伐には、天皇の勅命を最大限利用した。最大の士族反乱である西南戦争（一八七七年）にあたっては、天皇から征討の詔勅を戴き「官軍」として全国から徴兵制で集められた軍隊を派遣。明治維新の最大の功労者である西郷を「朝敵」として滅ぼすことで、ようやく天皇の権威を確立している。

西南戦争終結の翌年、大久保は不平士族によって暗殺される。だが、大久保の構想した、天皇と軍隊、内務省が三位一体となった政治体制は「有司専制」とよばれ、伊藤・山縣・黒田・松方らの薩長藩閥政治に、政治遺産としてそっくりそのまま引き継がれた。宮内省は、国会開設後も天皇主権のもと、国政に大きな影響力を及ぼした。内務省は地方自治を統括し、日本軍のアジア侵略を後方支援する国内の治安対策の役割を担った。

東条は、一九四一年の太平洋戦争開戦後、総理大臣に加え、陸軍大臣と参謀総長を兼任。民政と軍政、そして参謀本部の権力を一身に集中させ、開戦後三年に亘って戦争を指導した。戦争を泥沼化させ、多くの人命を犠牲にした張本人である。そして、軍部出身の東条を首相に「大命降下」で任命したのは、大日本帝国憲法の主権者・天皇裕仁である。

戦前も「軍部の暴走を抑えられるのは天皇陛下だけ」といわれた。にもかかわらず、結局、天皇は軍部と一体化して太平洋戦争に突入した。

独裁体制は戦時に構築される（大久保は内戦、東条は侵略戦争）。そして日本の独裁体制の特徴は天皇の権威を利用することで成立する点にある。「リベラル護憲派」は、「象徴天皇制」「平和天皇」の幻想に惑わされて、いままた戦前と同じ轍を踏もうとしている。

天皇制と無関係に独裁者がやってくるのではない。いわんや橋下はマルクス・レーニン主義者でもチェチェ思想主義者でもない。日本維新の会は「天皇の元首化」を主張している。維新の会の母体となったのは、そもそも自民党の右派だった連中である。橋下と維新の会は、象徴天皇制が産み落とした「鬼っ子」である。

天皇の元首化が独裁者の出現を防ぐのではない。そもそも天皇に政治的役割を期待すること自体が独裁体制につながるのである。

戦前は天皇制がファシズムの温床となった。戦争責任をとらなかった人物が「平和憲法」に名を刻んだことが、今日の戦争国家化の遠因となっているのに、共和制に問題をすり替えている。アメリカもフランスもドイツも「共和国」であるのに、殊更に朝鮮民主主義人民共和国（北朝鮮）と結び付けて、共和制の恐怖を煽ろうとしている。

「共和制は日本にむかない」と共和制論議そのものを否定し、天皇の元首化を画策している彼らの手法に惑わされてはなるまい。

「天皇元首化」をやめさせるためには？

いっぽう、市民運動やリベラル派の中には、「第一章（天皇条項）を守ることが天皇制解体につながる」という矛盾した、トンチンカンなことを言っている人がいる。残念だが、良心派と言われる法学者ほどその傾向が強い。彼らは「九条と一章を同時に変えられたらどうする」と心配しているが、全くの杞憂だ。一章・天皇条項と二章・戦争放棄の両方の是非を問う改憲（脱天皇制軍事国家？）を主張している人はどこにもいない。それどころか、自民党は共和制を主張できない護憲派の足元を見透かし、九条二項の改悪と天皇元首化をセットで改憲を主張し始めている。

第一章についての護憲・改憲の奇妙な一致。ここらへんが問題の本質だろう。

しかし、象徴天皇制そのものに、天皇元首化の伏線があったのではないだろうか。自民党改憲案の天皇条項に関する部分を見るにつけ、大日本帝国憲法の「元首」だった人物が判を押した憲法が、本卦帰りした印象を受ける。

重くいかめしい、なんとなく偉いイメージの「元首」か、やや軽い印象の受ける「象徴」の違いでしかない。争点は、天皇制の「廃止」か「存続」か、ではないのである。

しかも、天皇の元首化を主張しているのは自民党だけではない。民主党の一部や、みんなの党、国民新党、維新の会など、各党が改憲で天皇の元首化を、軒並み主張している。元首と象徴のどちらを選ぶかだけなら、結局は威勢のいい方に押し切られる。

天皇元首化の動きは、いま唐突に始まった問題ではない。自民党は一九五五年の結党以来、国軍の復活と共に、天皇の元首化を主張し続けてきた。象徴天皇制の曖昧さが、天皇元首化をもたらしたのである。

逆説的にいえば、象徴天皇制から共和制に移行する時間は六〇年間あった。にもかかわらず、日本の民主勢力は「平和憲法」の虚名を守ることのみに汲々とし、共和政憲法に替える努力を怠ってきた。その怠慢のツケが天皇元首化と戦争国家化となってきている。

「天皇元首化」に対し、象徴天皇制を「守る」運動を対置するだけでは、やはり弱い。天皇元首化と国防軍の創設がセットになった憲法改悪に反対するとともに、天皇制の是非をはっきりと争点化する。もう、共和制という「対案」で批判していく段階になっている。天皇という「オヤジ」を頂点とした国家が、国民という「赤子」の生殺与奪権を握る。前近代的な思想を乗り越えることができるかが問われている。

いっぽうで、「改憲」があたかも現状を打破するかのような錯覚を抱いている人が多い。これにたいして護憲運動は、現状を維持するだけの「守旧派」の印象を与える。

日本社会に天皇制が重くのしかかっている「閉塞感」を「打破」する共和政改憲案をかかげてアピールすることも一手。共和制と直接民主主義で自己決定を取り戻すことで、格差社会のフラストレーションを打破することを呼びかけてみよう。憲法改悪反対で多数派を形成することも重要。でも、天皇元首化と戦争国家化を批判する論理はバラエティに富んでいていい。

錐のように舌鋒鋭く急進的に迫る。時には穏やかに諄々と非を諭す。硬軟緩急交えて自民党改憲案の復古主義的性格を明らかにしていけば、強行的な憲法改悪は防げるはずだ。第一章そして九条ほかの条文について徹底的な論議を積み重ねていく。その先に「ファシズム」ではない、平和で民主的な「共和制」の展望が拓けてくるのではないだろうか。

今回、共和制を研究するにあたって、日本の法学者で共和制改憲を研究している学者がいるか調べたが、残念なことに一人もなかった。右派の改憲学者は大勢いるのに、左派改憲（共和制）を主張する憲法学者が皆無なのは不思議だ。

ほとんどの法学者は、まじめに社会問題や人権問題に取り組んでいる。それを重々承知で――不謹慎を承知であえて言わせてもらうが――「護憲」で食べてきた法律家にしてみれば、憲法が替えられれば一から自分のやり方を変えなければならないことに不安があるのではないか？

憲法が変われば「おまんまの食い上げ」になってしまう。だから第一章削除とか言わないんじゃないかと、うがった見方をしてしまいたくなる。

直接民主主義の憲法になれば、いまの憲法と一八〇度違ってしまう。それこそゼロから勉強しなおさなければいけない。長年培ってきた学問と蓄積が否定される。法曹家としての安定的な収入や社会的地位が揺らぎかねない。だから共和制改憲なんてとんでもないことだ、と思っているのではないだろうか。このままでは、早晩、改憲派は、護憲系の法律家を「既得権益を守る守旧派」呼ばわりして攻撃してくることは必定である。

ならばこそ、私は惜しむ。いまからでも遅くないので、真面目な法学者たちには共和制憲法に替えていくことも、少しずつ論議してほしいというのが私の希望である。

哲学や現代思想の分野でも、日本における共和主義の研究をしている人は皆無に等しい。日本では、共和思想がまともな「現代思想」の分野として扱われていないのだから摩訶不思議である。現代思想オタクの東浩紀が天皇元首化を主張している底堕落《ていたらく》だ（とかくオタクは『強い国』を造りたがる）。

もうひとつの第一章論議を疎外する要因として、「天皇制反対の人は少数だから論議をやめよう」という意見がある。少数派は論議しちゃいけないのか、という素朴な疑問を抱く。

ちなみに二〇一二年の世論調査では天皇制反対が六％。人口比率でいくと七二〇万人が反対ということになる。これに対し賛成が八四％。ところが、最近の世論調査の手法では「どちらかというと」という、条件を付けて問いかける誘導尋問がある。「どちらか賛成派」が、天皇制賛成派のおおむね三割を占めると推定すると、国民の約二〇〇〇万人は天皇制の「消極的支持」ということになる。これに反対派七二〇万人を加えれば、二七二〇万人。国民の五分の一は天皇制に反対もしくは懐疑的と解釈できる。決して無視できない数である。論議の俎上に乗せるには十分な数だ。

にもかかわらず、市民運動でも「改憲反対で第一章論議をすると運動が割れてしまう」と言う人がいる。論議をしてもいないのに「割れてしまうからやめてくれ」というのは滑稽な話だ。逆にいえば、その程度の天皇制論議をしただけで分裂してしまうとしたら、中身のない運動体であろう。

共和制国家は世界中にある。そのすべてがファシズム国家ではない。日本よりも民主的な国家はいくらでもある。こうしたデマゴギーにおどらされずに、共和制でもって天皇制国家を相対化する。天皇が戦争責任を取らなかったことの帰結として、現在の日本の戦争国家化の動きがあることを批判していく視点が大切だ。

ところが、戦後の日本のアナーキストや新左翼は「共和制は国民国家の解体につながらない」と批判し、共和制論議を意識的に避けてきた。「国民国家の解体」とは、わかったような、わからないような言葉だ。はたして共和制を経ずに、立憲君主制から、いきなり無政府状態を獲得できるのか？

従来、無党派・新左翼の運動には、天皇制国家も共和制国家も同じ「国民国家」として批判する傾向があった。確かに両者の共有する同質の問題もある。だが、イタリア・ドイツと日本の脱原発に関する対応の違いをみるにつけ、共和制国家と天皇制国家のあいだには、民衆と国家の力関係の微妙な違いがある。その微妙な差異を明らかにしていく作業が必要ではないか。

国家が諸悪の根源であるという無政府思想にたてば、共和制国家も「悪」。だから共和政を肯定したくないのだろう。だが、アナーキスト諸君のなかには「九条改憲反対」「護憲革命」と言っている人もいる。「九条を一条に」の無政府主義なら理解できるが、「護憲」の無政府主義では君主制の肯定（天皇制アナーキズム？）であって、アナーキストとしての筋が通らない。

確かに、共和制国家の中には、王制を打倒したものの、自らの権力を維持するために、多数の人民を粛清し、圧政を行う国家に変質していったケースがある。

「国王神話」の代替品としての「民族神話」を作り、民族ナショナリズムを扇動し、他民族を差別し侵略戦争に至ったナチスやセルビアに代表される民族主義国家。

いっぽうで、旧ソ連やカンボジアのポルポト政権のように、教条化したイデオロギーを自国の民衆に押し付け、従わない民衆を大量殺戮したケースは、かつての社会主義国家に見られる。現在の一部国家にも、民主共和制が結果的に「民主集中制」「一党独裁」に変質していった国がある。

保守派による「共和制がファシズム」と批判する理由は、こうした実例を念頭に置いてのことだと思われる。

このように、左右問わず幾つかの共和制国家の成立過程においては、イデオロギーを通じて国家が国民を一つに統合し、強力な「主体」を形成する、という歴史的局面が見られる。無政府主義者が共和主義国家一般を「国民国家の再編」と指弾する理由はこの点にある。

社会的平等の実現を目的に始まった革命が、権力を防衛するために、結果的に民衆を抑圧していった過去の失敗例は繰り返さないように他山の石としたい。現代の日本でその轍を踏まないためには、憲法一条（第一章）が、本当に「国民の総意」か？　徹底的に論議していくことが必要だ。ひとりひとりの「意思」が問われている。

そして、第一章をめぐる論議を平和裡に行うためには、ひと一人の命を尊重するヒューマニズムにおける九条の理念と二五条の生存権を貫徹していくことが不可欠だ。「九条を一条に」することで、一滴の血も流れない「完全無血共和制」の段階的なあり方を、ここで提起したい。

共和制移行には内戦や粛清が付きモノのように日本では誤解されているようだが、サンマリノのように平和裡に共和制を樹立した国もある。グローバリゼーションの進展により、国家を媒介にしないつながりも出来始めている。その渦中において、観念的な無政府主義で共和制を否定するのではなく、決定権を大統領や中央に権限を委ねない、民衆が主役の新たな共同体のあり方を模索する試みも面白いのではないか。

無党派から共和派へ

つまるところ戦後の日本の市民運動は「共和制市民」ではなかったのである。根底にあったのは九条の平和主義と立憲君主制の憲法だった。日本に社民主義が根付かないことを嘆く人がいるが、共和制段階を経ない戦後民主主義に社民主義が定着するはずがない。天皇制と衝突せずに社民主義のオイシイ所だけ取ろうというのは虫が良すぎるというものだ。

とくに、昨今の改憲反対運動と反原発運動に顕著な「日本国民主義」的傾向が気がかりだ。第一章の判断を留保したまま「改憲反対」を主張することが、結果的に天皇制を「守ってしまう」ことに自覚的でありたい。共和制ギライの無党派新左翼諸君も、共和政が国民国家の再編と決めつけて論議を打ち切ってしまうのではなく、いろいろな可能性を含めて、一度ヒラ場で自由な論議をしてみても面白いのではないか。

かつて「無党派」は新左翼の専売特許だったが、いまやすっかり大衆に乗り越えられてしまった。天皇制反対が無党派なら、維新の会の支持者も、これまた無党派である。ファイブスター運動や海賊党、みどりの党に憧れる無党派層がいるが、共和制の定着しない日本では無党派が右派に流れる。戦後の新左翼は、なんとなく「無党派」という言葉に寄りかかって共産党や社会党との差別化をはかってアイデンティティを保っていたが、ここまでくれば「無党派」の内実が問われている。

一例を挙げると、四年前の麻生内閣の時、「ないかくだとう（ママ）運動」という「倒閣運動ごっこ」をやっていたフリーターの市民運動があった。彼らは時価総額六〇億円の麻生の豪邸前で抗議活動しようとして逮捕された。この「弾圧」が市民的自由の侵害と批判された。これに加え経済政策の失策も重なり、麻生内閣は倒れた。だが、次に出来たのは、最悪の原発事故を引き起こし、オスプレイ配備を決めた民主党だった。そして今、再び自民党が政権に復帰した。

いまどき内閣を倒しても、もっと酷いのが出来るだけ。きちんとした見通しのない無党派が「倒閣運動」をしたところで、既存の政党に利用されて捨てられるのが目に見えている。政権を倒すのを自己目的化するのではなく、議会制民主主義そのものを変革していく段階にきている。

ところが、現実の大衆運動は「シングルイッシュー」の「お祭り主義」「イベント化」の傾向が顕著だ。サウンドデモやコスプレやパフォーマンスで注目されたい。運動の位置付けや原則を確認する地味な作業はやりたくない。イデオロギーは大嫌い。人数を集めたりデモの盛り上がりといった表面的な部分のみを追究した結果、左翼も右翼も関係なく脱原発やるのが無党派運動と勘違いして、今度は維新の会やみんなの党につけ込まれた。ナチス台頭の教訓を全然学んでない。「脱原発以外のことを言うと運動が割れてしまうからやめてくれ」「九条中心でないと改憲反対運動が広がらない」というのは、一見大衆性をもっていそうでいて、脆弱さを含んでいる。日本の民衆は、全共闘や六〇年反安保闘争を通じて、もう、表層的に盛り上がっているムーブメントに簡単に踊らされないだけの経験を積んでいる。二〇一二年末の総選挙の自民党圧勝と、脱原発を目指す民意の乖離は、シングルイッシュー的運動の負の側面—分散性の結果と私は分析する。

震災と原発事故で大打撃をうけたにもかかわらず、いまだに多くの人が、かつての経済大国・日本の栄光を取り戻したいという、いやしがたいナショナリズムをいだいている。脱原発においても、きちんと差別排外主義的な言説と対決していく。天皇夫婦の罹災所慰問パフォーマンスにごまかされない。上からの国民統合を拒否する。核や原子力の問題も、天皇の戦争責任と直結している。無責任体制の大本が昭和天皇の戦争責任にあることを論議していくことが大切だ。

それは大衆に「媚びる」のではない。真面目なアピールと真摯な討論を通じて関係性を作り上げていくことである。自分にも他人にも厳しい態度が問われている。地味ではあるが、そこに現状を変える「豊かさ」があると私は思う。

天皇の元首化に対し、共和制で対抗するのが世界の定石。象徴天皇制を「守る」運動の方が、よっぽど変則的な手法、奇手、「諸刃の刃」であることを、まずは自覚してほしい。

そうはいっても、反戦・反原発などで色んな政治勢力や運動体とつながりがある。立場上、いいたいことを言える人とそうでない人がいるだろう。とりあえずは戦争国家化の改憲に反対する一方で、平場の論議では第一章の削除や共和制論議をしていく、二枚腰のしたたかさが反改憲運動にも求められている。

この問題は感情的になりがちだ。「九条守れ」で人生の大半を過ごしてきた人にしてみれば、ここで共和制を持ち出されることに、自分の人生を否定された気になるのだろう。その気持ちは分からなくはない。頑固に九条を守り続けてきた彼らの努力は認める。だが、そこで開き直ってほしくない。

そもそも、自民党の改憲案では九条（一）の戦争放棄は基本的に変えられていない。変えられるのは九条（二）の交戦権否定と戦力不保持である。九条（一）は「守り」、九条（二）を分断するのが彼らの狙いだ。これに対し「九条守れ」を繰り返しているだけでは問題の本質は伝わらない。

拳高く怒りを込めて反対するのも重要だ。しかし、時には一歩引いた所で、来し方過ぎし日の運動を振り返り、九条の平和主義が教条主義化していないかどうか自己点検する。これも、ひとつの「努力」であろう。

私はこの間、六〇、七〇過ぎてもなお、憲法の矛盾を指摘し、民衆主体のあるべき姿に替えていく、みずみずしい精神と、柔軟な思考をもつひとに数多く出合った。九条二項の改悪に反対する一方で、第一章と九条の矛盾を指摘していく「開かれた回路」である。

故小田実は、結果的に象徴天皇制の憲法を守ることで人生を完結させた。憲法を一字一句変えないことのみを自己目的化し、そこに生命を捧げるのは、自分の人生と憲法問題を混同している危うい発想だ。身命を懸けて「国体＝天皇制憲法」を守ることを強制されたのが戦前の「ファシズム」ではないのか？

確かに意見の相違はあるが、何度も討論をしていけば、ある程度意識は変化してくるのではないだろうか。

大衆運動の自発性・個別課題性が、自己決定権を取り戻すという意味での、共和「性」を自覚できるか？　直接民主主義を獲得できるかに、今後の社会変革の可能性があるように思われる。

無党派内の「急進派」が、「共和派」に変質できるか？

折しも野田前首相と会見した脱原発首都圏連合のミサオ・レッドウルフ氏は「議会制民主主義が民意を反映していない」と述べていた。シングルイッシューのバラバラ分断は権力の思うツボ。自発的に国会前を埋め尽くした一五万人が、パフォーマンスや陳情レベルに留まるのではなく、議会制民主主義を乗り越え、個別課題を制度変革につなげていけるかが問われている。

だが、国会前脱原発デモに向かう人の群れは、とても無口だ。「原発いらない」「再稼働反対」だけが鳴り響く。オスプレイ反対も声に上がらない。「脱原発だけを言いに来た」とシュプレヒコールを上げて二時間参加して帰るのではなく、一昨年のアメリカのオキュパイ運動のように、見知らぬ人同士が、その場で徹底的な討論をしてもいいはずだ。

自分の言葉で、意思決定するロジックを紡ぎだしてみよう。その論議は必然的に現行憲法との角逐をもたらし、直接民主主義改憲を台頭させることだろう。

第五章　「九条」の内容を第一条に掲げるサンマリノ憲法

付・サンマリノ共和国憲法

私の主張する「共和制」は、たんに天皇制を大統領制に替えることではない。例えば、サンマリノのように、大統領を置かない議院内閣制の共和国もある。

サンマリノはイタリア中西部に位置するティターノ山を戴くプチ国家。面積六一平方キロ、人口三万六千人。バチカン、モナコに次いで世界で三番目に小さな国家だ。

サンマリノの起源は、西暦三〇一年、ローマ皇帝ディオクレティアヌスのキリスト教迫害から逃れてきた石工マリノが中心となって建国したことに由来する。以後、山岳地帯の地理的要因から、一七〇〇年に亘ってローマから独立を保ってきた。

建国以来、サンマリノは、国王を戴くことはなかった。「アレンゴ＝Arrengo」とよばれる全家父長の合議制によって統治されてきた。

一二世紀頃、アレンゴ内の有力者六〇名で大評議会（六〇人委員会）が設立される。

一二四三年には、アレンゴから選出された二名の執政官を、半年交代でサンマリノの代表として任命する制度がつくられる。現在も続く二名の執政官と大評議会によって国家が運営される制度の基盤は一二五三年頃に出来上がったといわれる。

時代が下がるにつれて大評議会は、アレンゴから次第に権限を奪い、権力を集中させていく。やがてアレンゴは形骸化し、一五六〇年以降は開催されなくなった。

一六〇〇年、大評議会は憲法を制定する。しかし、この憲法は、近代的な人権思想に基くものではなく、サンマリノの行政や刑法・刑事訴訟に関する諸規定だった。

当初、評議員は終身だったが、一七世紀に交代制に移行した。一六九二年には大評議会の人数が四五名に減らされる。しかし、少数独裁を防ぐために再び六〇名に復活している。

小国であるサンマリノは周辺諸国から一五〇三年と一七三九年に侵略を受けた。だが、要害の地の理を生かし、これを撃退。独立を維持してきた。自国の防衛以外、原則として全ての戦争に中立の立場を保っている。

一八世紀末にはナポレオンがイタリアに侵入する。当時フランスは共和制に移行したばかりだった。そのため、ナポレオンは共和制の先輩国であるサンマリノには好意的だった。当時、小国分立状態にあったイタリアを分断統治する思惑もあり、ナポレオンはサンマリノに領地の加増と大砲と麦の寄付を申し出る。しかし、サンマリノは麦は受け取ったが、領地の加増は「自国の領土を守るので精一杯」と断った（大砲は納入されなかった）。目先の利益に踊らされない「賢明さ」と領土拡張主義とは無縁の「無欲」が功を奏し、結果的にナポレオン没落後のウィーン会議でも独立を承認されている。

一九世紀中期のイタリア統一時代には、ローマ共和国陥落後のガリバルディの亡命先となった。このほか、多くの政治亡命者を受け入れている。統一後のイタリアとも良好な関係を維持している。同時期には「奴隷解放」を果たしたアメリカの大統領・リンカーンに名誉市民の称号を付与する外交的配慮をしている。

サンマリノでは、アレンゴそして大評議会による中世的自治が長く続いたため、刑法と刑事訴訟法以外の成文法がなかった。

一九世紀以降、ヨーロッパ諸国は憲法と議会を持つ近代国家に変貌していく。周辺諸国との比較で、自国の中世的な政治体制に気付いたサンマリノの人々は、一九〇六年、住民集会的な位置付けで、アレンゴを三四六年ぶりに復活させる。これによって、民主的な国家制度に向けた動きが始まった。

一九〇九年、大評議会は一部の特権階級のものでなく、普通選挙制度による民主的な議会に生まれ変わる。

第二次世界大戦では中立を維持し、イタリアからの避難民を大量に受け入れている。当時一万三千人のサンマリノで、一〇万人の避難民を受け入れた。トンネルなどに避難民を入れ、自国民に配給する小麦を五〇グラムに減らして同等のパンを分け与え、状況が好転するまでの数か月を持ちこたえた。また、イギリス空軍の誤爆により六〇数名の死者がでたことから、屋根に白い十字をペンキで塗って空爆を防いだ。大戦後イギリスは誤爆を正式に謝罪し、損害補償している。

一九四五年には国家評議会を設立。新体制発足以後も、従来の慣行に従い、執政官二名が大評議会から選出され、半年交代の輪番で、共和国政府を代表する実質的な首相としての役割を果たしている。執政官は仕事を持ちながらの名誉職的存在で、給与も小額。日本の国会議員のような特権もない。ほとんどの執政官は一期で終了し、再任することはない。

一九四七年には世界初の普通選挙による共産党中心の連立政権が成立している。

そして一九七四年「サンマリノの市民の諸権利及び制度の基本的諸原理の宣言」が採択される。これによって、ようやく一六条の近代憲法が制定された。戦前、隣国イタリアの影響を受けたファシスト党が多数派を占めた反省から、憲法の序文にはファシズムと全体主義の否定をうたっている。

前述したように、サンマリノでは、「大評議会」が国会にあたる。しかし、二〇世紀にはいって「アレンゴ」は家父長制集合体から全住民集会に変質。大評議会とは別の「直接民主主義」を体現する機関として存続していることから、憲法二条では、全住民集会と直接民主主義についての規定がある。

第二条　共和国の主権は人民にある。これは代表民主制の制定法の形で主権を行使する。法律は全住民集会とその他直接民主制の制度を定める

抽象的な文言ではあるが、これによって議会制民主主義の行き過ぎを直接民主主義で修正する「チェック&バランス機能」を憲法で保障している。

このほか、非婚外子の嫡出子と同等の権利保障や、法律制定に際しては当事者との討論を義務付けた条文（一四条）、サンマリノ市民以外を裁判官に任命し、裁判の公平性を保障するユニークな条文がある（小国のため血縁や交友関係に司法が左右されないための措置）。

サンマリノには軍隊がない（一八〇人程度の儀仗兵がいる）。サンマリノ人以外の外国人には消費

税は取られないが、タックスヘイブン（租税回避地）ではない。犯罪も少なく、刑務所はガラガラ。平均寿命は八三歳と長寿国だ。

日本で伝わるサンマリノ像は軍隊を持たない国家として、いささか美化されているきらいがある。現実には隣国イタリアの影響を大きく受けている。産業も観光程度しかなく、経済的にイタリア資本に大きく依存している。近年はカジノ誘致をめぐって国内が揺れた。実質的にはイタリアの「保護国」との見方もある。

人口五千万のイタリアに対し「合併」の圧力を切り抜け、なんとか独立と自治を維持しているのは、一七〇〇年に及ぶ共和制の伝統が市民一人一人にしっかりと根付いている所以である。現存する国家では、私のイメージする直接民主主義共和制に最も近い憲法と考えられるので、巻末の資料にサンマリノ共和国憲法の全条文を掲載した。是非ご覧いただきたい。

もうひとつのユニークな国家にアンドラ公国がある。これは公国だが、世襲の公爵はいない。ピレネー山脈に位置する地政学的な理由から、スペインのウルヘル司教とフランス大統領二人を名目的な国家元首である「アンドラ公」として推戴して、実際の政治は自分たちでやっているユニークな国である。竹島・尖閣諸島の領土問題で揺れる日本も、共同管理という手法は参考になるのではないか。

このように人口数万人の小国であっても、世界を見渡せば、いろんなかたちで強権的なリーダーが出ないように知恵を出し合ってやっている国がある。領土問題を共同管理や非武装地帯でうまく解決している国がある。

民族主義の暴走と対立をどう抑えるか？

いま、この問題が日本だけでなく、世界の大きな課題となっている。

かつて、モンゴルの旧憲法には「人種的または民族的所属を理由とする、市民の権利に対する直接または間接の全ての制限、排外主義および国家主義の思想の宣伝は、法律によって禁止される」と明記された条文があった（一九六〇年憲法八三条）。チンギスハーンに代表される「大モンゴル主義」の侵略的傾向を自ら戒めた条文だ。残念だが、この条文は、社会主義体制から市場主義経済へ移行した一九九二年の憲法改正で削除されてしまった。その現在のモンゴルですら、憲法第四条で「法律を制定することなく外国軍が駐留することと通過のために越境することを禁ずる」と明記している。個別事項の国民投票について条項がある（第二五条P）。

戦争放棄と戦力不保持、そして交戦権を明記した憲法九条は貴重な条文だ。それは私も認める。だからといって日本国憲法全部が素晴らしいとは、とても言えない。世界を見れば、ナショナリズムの暴走を食い止めるための、日本国憲法にない叡知をもった憲法が数多くある。人口一億二千万の「経済大国」が、三万六千人のサンマリノや一〇万人のアンドラ公国、四五〇万人のモンゴルなどの「小国」に頭を垂れて学ぶべき点が幾つもある。

だが、護憲派は天皇条項を不問にしたまま、自国の憲法を至上のものとしてきた。世界の多様な国々の、多様な条文を評価して、それを取り入れる努力を怠ってきた。「憲法ナショナリズム」という点で、護憲・改憲の両者に共通するものがある。

世界の中で日本国憲法だけが良心的な平和憲法ではない。米軍基地があり自衛隊が海外派遣されているのに「憲法九条は世界の宝」などというのは「宝の持ち腐れ」ではないか。モンゴルはロシアと中国の両超大国に地続きで挟まれながらも他国の軍隊を置かない努力をしている。アメリカの要求に従い、何の抵抗もなく唯々諾々とオスプレイを配備してしまった日本とは雲泥の差だ。

繰り返すが、議員定数を削減すれば、少数独裁に陥ってしまうのである。議員定数は同数もしくは増員して多様な意見を反映させる。議員特権は廃止してサンマリノのように議員手当は少なくする。そして、全住民集会等の方法で議会制民主主義を補っていく。間・直二元制民主主義で行政の意思決定を検証していく制度を確立することが求められている。まして消費税増税と引き換えに議員定数削減などという低次元の感情論に収斂させてはなるまい。

確かに今すぐ直接民主制の導入は難しいが、定数増員や多選禁止、世襲制限で議会の「直接民主的運営」は現行法でも可能だ。

首相の任期が一年で変ってしまう近年の傾向についても、発想を逆転してみては如何だろう。既に形骸化している議院内閣制に権限を集中させて再構築するのは時代に逆行している。首相公選制や大統領制で特定の人物に権力を集中させるのも、独裁者の出現につながる危険がある。

むしろ、首相が一年で交代するのを「当たりまえ」と肯定的に考える。「誰が総理大臣になっても同じ」ならば、本当に誰が首相になっても大丈夫なように、政治制度を変えてしまおう。

首相や政治家が物事を決めるのではなく、最終的な意思決定権は「民衆」にあることを確認し、住民投票や住民会議を制度化する。その上で、首相は行政府の「事務局長」的な役割に留め、特権や強権は与えない「直接民主制」を導入する好機としたい。

「首相一年制」は決して荒唐無稽な提案ではない。前述したように、サンマリノでは行政府の長（執政官）を複数（二名）・短期間（半年）で交代させている。ただし、この場合、憲法二条で直接民主主義を保障し、内実のある社会制度（アレンゴ）が存在していることが大前提となる。

かつて、ヨーロッパには「光はサンマリノより来たる」と言われた時代があった。一七〇〇年の伝統を持つ民主主義の先達に比べ、日本の民主主義の歴史は七〇年程度にすぎない。しかも、戦後民主主義は占領軍から「与えられたもの」で、自ら獲得したものではない。はるかに遅れた日本が学ぶべき思想と諸制度がサンマリノには多々ある。「議員定数の削減が歳費の軽減につながる」「行政における意思決定の効率化」、まして「決める政治」といった皮相なレベルではない。時間はかかっても憲法と民主主義の本質にかかわる真剣な論議を望みたい。そのためには、現行憲法を絶対視せず、日本国憲法の意義と限界を明らかにする作業が不可欠になってくる。

そして、戦争放棄の条文は、もはや日本の専売特許ではない。サンマリノ共和国憲法の第一条には、国家間の紛争解決の手段としての戦争を否定している条文がある。

第一条　サンマリノ共和国は、一般的な国際法の規範を自らの制度の補完的部分として承認し、国家間紛争の解決手段としての戦争を拒否し、人間の権利と自由に関する国際条約に加盟し、政治的庇護権を確認する

戦争拒否をサンマリノ憲法の一条に反映させたのは、憲法制定の主導的役割を果たした当時の左派（サンマリノ社会党）の「憲章的自由の運動」グループの成果とされる。サンマリノは、文字通り

「九条を一条に」している国である（資料参照）。

サンマリノと日本では国の規模と成り立ちが大きく異なる。日本でいえば小さな市にすぎない規模のサンマリノと一概に比較はできない。だが、現に九条を一条にしている国が世界に存在する限り「日本の憲法も九条を一条にしよう」という提案は、決して非現実的なものではあるまい。「九条がある日本は素晴らしいんだ」という、護憲主義におけるナショナリズム問題が、今日の天皇元首化の事態をもたらした一端ではないだろうか。

憲法の序列でいえば、第二章・戦争放棄（九条）は、第一章・天皇条項の「次席」にあたる。第二章を第一章に「格上げ」することで、九条を観念的なものでなく血肉化していく。平和主義を内実のあるものにしていく積極性が求められている。

「今の憲法を一字一句変えるな」という守旧的な「日本国憲法至上主義」をやめ、世界に目を開き、改めるべきは改める段階にきていることを、良心的な護憲主義者の諸君に強く忠告したい。

私の共和主義は、強権的な国民国家の再編に結びつかない。特定の代表者や人格に意思決定を委ねない「直接民主主義」を意味する。九条を一条にすることで、国家が民衆の生殺与奪権を握るという国家主義から解放される。自立的な個人主義を確立し、民衆が意思決定権を取り戻す思想的試みのことである。これをしも、現代における「直接民主主義的な共和制」とよびたい。

※九条の会や護憲運動が「軍隊を持たない国」として理想化するコスタリカでは、軍隊不保持の条項が憲法第一二条にあたるため、コスタリカを「九条を一条にした国」とは言えない。

※憲法に国際紛争解決の手段としての侵略戦争を否定した条文を持つ国に、フィリピン（二条・国策遂行の手段としての戦争放棄）、大韓民国（五条・侵略戦争の否認）・イタリア（一一条・他国民の自由を侵害及び国際紛争解決の手段としての戦争否認）・ドイツ（二六条一侵略戦争の禁止、一二条二良心的兵役拒否）がある。しかし、これらの国々の憲法には軍隊不保持の条文はない。そして実際に軍隊を保有している（資料編参照）。

※ちなみに筆者は、日の丸君が代が太平洋戦争に果たした役割から、その強制に反対するとともに、国旗国歌そのものが不要とする考えに立つ。ナショナリズムの弊害の本質は国家の情緒性であるというのが筆者の持論。とりわけ国歌には情緒性があり、国家へのロマン主義を過度にもたらし、個人と国家の関係を同一化する恐れがある。

また、国旗は、国と国との識別に必要な記号とする意見があるが、国と国を見分けるなら文字（自国語もしくは複数の言語）で十分である。国旗から、デザインのもつ情緒性を削ぎ落とし、文字の機能性のみに識別の役割を限定させれば、ナショナリズムの台頭を防げるはずである。

※竹島・尖閣諸島・国後・択捉・歯舞・色丹等の諸島については、まずは非武装地帯化し、ゆくゆくは各国の共同管理にしていく方針を提案したい。

※沖縄についても米軍基地撤去後は自衛隊が居座るのではなく、非武装地帯化することを提案する。

※サンマリノの隣国・イタリアのシチリア州知事選では「犬」を候補者に見立てた無効票運動が実施された。単なる腐敗した政治家批判の「パフォーマンス」としてではなく、職業政治家そのものの存在意義を問う画期的な試みとして、その後の展開を注目したい。

付・サンマリノ共和国憲法

一九七四年七月八日法律第五九号
「サン・マリーノの市民の諸権利及び制度の基本的諸原理の宣言」（前文略）

（序）　大評議会は、共和国の自由と民主制の栄光ある伝統を自覚して、ファシズムと国家のあらゆる全体主義的観念を否定するという断固たる意図の下に、そしてサン・マリーノ人民に市民的・社会的・政治的な更なる進歩を、国家とその根本的制度の生命の連続性において保障する目的で、市民の諸権利と諸原理の宣言を採択する。これに憲法的権力の組織と行為が従う。

第一条　サン・マリーノ共和国は、一般的な国際法の規範を自らの制度の補完的部分として承認し、国家間紛争の解決手段としての戦争を拒否し、人間の権利と自由に関する国際条約に加盟し、政治的庇護権を確認する。

第二条　共和国の主権は人民にある。これは代表民主制の制定法の形で主権を行使する。法律は全住民集会とその他直接民主制の制度を定める。

第三条　執政は国家元首の職務を合議制の原理に従って行使する。
　大評議会には政治的方針決定の機能と立法権が帰属する。

国家評議会は大評議会の前に政治的責任を負い、これに統治の権力が帰属する。緊急の場合には執政は国家評議会の見解を聞いた上で、法律の効力を持つ命令を採択することができる。それらは三ヵ月以内に大評議会の許可の下に置かれねばならず、さもなければ失効する。

法律により設立された司法権の組織には、その権限行使において完全な独立性が保障される。

国家の諸権利は相互の自立性と権限を尊重して行動する。

第四条　すべての者は個人的・経済的・社会的・政治的・宗教的条件の区別なく、法の前に平等である。

すべての市民は法律によって定められた条項に従い、公職や選挙による職務への就任の権利を有する。

第五条　人間の人格的権利は不可侵である。

第六条　共和国はすべての者に市民的政治的自由を承認する。特に人格の自由、居住の自由、滞在と出国の自由、集会・結社の自由、思想表明の自由、良心及び信教の自由が保障される。いかなる方法であれ通信の秘密は保護される。法律はそれらの権利の行使を、秩序と公的利益の重大な理由のための例外的な場合においてのみ制限することができる。

芸術、科学、教授は自由である。法律は自由で無償の勉学の権利を市民に保障する。

第七条　投票は普通・秘密・直接に行われる。

あらゆる市民は法律によって定められた年齢と条件で選挙権及び被選挙権を有する。

第八条　すべての市民は民主的方法で政党や労働組合に参加する権利を有する。

第九条　労働はすべての市民の権利であり義務である。法律は労働者に平等の報酬、休暇、毎週の休日、ストライキの権利を保障する。

あらゆる市民は社会保障の権利を有する。

第一〇条　所有と私企業は保障される。法律は公的利益を保護するためにその制限を定める。

財産と私的所有の収用は、法律によって規定された形式で、公の利用の目的で、適切な補償の下に許可される。

共和国は歴史的・芸術的遺産と自然環境を保護する。

第一一条　共和国は研究、労働、スポーツ、余暇活動の領域で、青少年の人格の発達と、基本的権利の自由で責任ある行使への彼らの参与を促進する。

第一二条　共和国は夫婦の道徳的・法的平等に基礎を置く家族制度を保護する。

あらゆる母親は共同体の援助と庇護を求める権利を有する。

法律は婚姻外で出生した子供に、嫡出子と同等の扱いを確保することで、あらゆる精神的・法的・社会的保護を保障する。

第一三条　あらゆる市民は法律と共和国の諸制度への忠誠義務、そして彼らの貢献能力に応じて、共和国の防衛と公的支出に協力する義務を有する。

法律によらなければ財産的、人的な負課は課せられない。

第一四条　行政活動は、合法性、公平性、効率性の基準に適合させられる。

法律は行政的措置の理由づけの義務と、関連する主体との討論を定めることになる。

公務員は、法律によって定められた方法と制限において、市民の権利を侵害する行為について責任を負う。

第一五条　主観的諸権利と適法的利益の司法上の保護は、通常の裁判権と行政裁判権の組織の前で保障される。

防御権は司法手続のあらゆる局面において保護される。

法律は、審理の迅速性、経済性と独立性を保障する。条例による例外を除き、裁判官はサン・マリーノ市民であることはできない。

人的な刑罰と再教育の刑罰は、法律によって予め任命された裁判官によってのみ、また、遡及効を持たない規範に基づいて科されうる。

被告人は判決が確定するまで犯人とは見なされない。

第一六条　当該宣言の規定は、大評議会により、その構成員の三分の二の多数をもってのみ修正に付されうる。

裁判官はこの宣言の諸原理を、法の解釈と適用において遵守せねばならない。ある規範の適法性が疑わしい、または矛盾が見られる場合、裁判官は、大評議会に諮問することができ、大評議会は専門家の意見を聞いて自らの意見を表明する。

資料編

各国憲法関連条項抜粋

イタリア・スイス・フランス・ドイツ・コスタリカ・フィリピン・大韓民国は生存権や死刑廃止、国民投票条項および平和条項など本文に関連した条文を抜粋。

◉イタリア共和国憲法

基本原則

第一条　イタリアは、労働に基礎をおく民主的共和国である。

主権は、国民に属し、国民は、この憲法の定める形式および制限に従って、これを行使する。

（中略）

第一一条〔戦争の否認・主権の制限〕イタリアは、他国民の自由を侵害する手段として、及び国際紛争を解決する方法としての戦争を否認する。イタリアは、他国と等しい条件の下に、諸国家の間に平和と正義を確保する秩序にとって必要な主権の制限に同意し、この目的を有する国際組織を推進し、助成する。

（中略）

第七五条　五〇万人の有権者または五つの州議会から要求があるときは、法律または法律の効力を有する行為の全部または一部を廃止するかどうかを決定するために、国民投票を行なう。

国民投票は、租税および予算、大赦および減刑、国際条約の批准の承認に関する法律については、認められない。

衆議院の選挙権を有するすべての国民は、国民投票に参加する権利を有する。

国民投票に付された法律案は、有権者の多数が参加し、有効投票の多数を獲得したとき、可決される。

国民投票を実施する手続きは、法律で定める。

（中略）

補則（経過規定および最終規定）

第一二条　解散されたファシスト党の再建は、いかなる形においても、これを禁ずる。

第四八条の規定にかかわらず、憲法施行後五年間を限り、ファシスト制度の責任ある幹部に対しては、法律により、その選挙権および被選挙資格の一時的制限が定められるものとする。

第一三条　サヴォイア家の構成員（家族）および子孫は、選挙権を有せず、公務および選挙による公選につくことができない。

サヴォイア家の以前の国王、その配偶者およびその男子孫は、領土内に立ち入り、および、滞在することは禁止される。

サヴォイア家の以前の国王、その配偶者およびその男子孫の財産で、領土内にあるものは、国に帰属する。一九四六年六月二日以後行なわれた財産の移動およびこれに対する物権の設定は、これを無効とする。

第一四条　貴族の称号は、認めない。

一九二二年一〇月二八日以前から存在する貴族の付随称号は、氏名の一部とみなす。

聖マウリツィオ騎士団は、慈善団体として維持され、法律の定める方法に従って運営される。

紋章諮問会議の廃止は、法律で定める。

（後略）

◉スイス連邦憲法

（前略）

第一〇条　生命の権利及び人身の自由の権利　①すべて人は、生命に対する権利を有する。死刑は禁止される。

②すべて人は、人身の自由の権利、特に身体的及び精神的に傷つけられないこと並びに移動の自由に対する権利を有する。

③拷問及びその他のすべての残虐な、非人道的若しくは侮辱的な取り扱い又は刑罰は禁止される。

（中略）

第一四〇条　義務的国民投票　①次の各号に掲げる事項は、国民及び州の票決に付される。
a　連邦憲法の改正
b　集団安全保障のための組織又は超国家的共同体への加盟
c　憲法上の根拠を有せず、かつ、その効力が一年を超える緊急であると宣言された連邦法律。当該連邦法律は、連邦議会による承認から一年以内に票決に付さなければならない。
②　次の各号に掲げる事項は、国民の票決に付される。
a　連邦憲法の全面改正に関する国民発案
aの2　削除
b　連邦議会によって拒否された一般的な提起の形式による連邦憲法の部分改正に関する国民発案
c　両院が一致しなかった場合には、連邦憲法の全面改正の可否
第一四一条　任意的国民投票　①　五万人の投票権者又は八つの州が公布から一〇〇日以内に要求した場合には、次の各号に掲げる法令は、国民の票決に付される。
a　連邦法律
b　その効力が一年を超える緊急であると宣言された連邦法律
c　連邦決議。ただし、憲法又は法律が国民投票を予定している場合に限る。
d　次に掲げる国際条約
1　無期限であり、かつ、廃棄することができない国際条約
2　国際機構への加盟を定める国際条約

３　法的規律をもたらす重要な規定を含む国際条約又はその実施のために連邦法律の制定が必要である国際条約
②　削除
第一四一ａ条　国際条約の実施　①　国際条約の承認決議が義務的国民投票に付される場合には、連邦議会は、当該条約の実施のために必要な憲法改正を承認決議に含めることができる。
②　国際条約の承認決議が任意的国民投票に付される場合には、連邦議会は、当該条約の実施のために必要な憲法改正を承認決議に含めることができる。
第一四二条　必要とされる過半数　①　国民の票決に付された案は、投票者の過半数が賛成した場合に、承認される。
②　国民及び州の票決に付された案は、投票者の過半数及び州の過半数が賛成した場合に、承認される。
③　州における国民票決の結果は、州の投票とみなされる。
④　オプヴァルデン州、ニートヴァルデン州、バーゼル・シュタット州、バーゼル・ラントシャフト州、アッペンツェル・アウサーローデン州及びアッペンツェル・インナーローデン州は、二分の一の州票を有する。

（後略）

◉フランス　一九五八年憲法

前文　フランス人民は、一七八九年宣言により規定され、一九四六年憲法前文により確認かつ補完された人の諸権利と国民主権の諸原理に対する至誠、および二〇〇四年環境憲章により規定された権利と義務に対する至誠を厳粛に宣言する。

これら原理および諸人民の自由な決定の原理の名において、共和国は、加盟意思を表明する海外諸領に対し、自由・平等・友愛の共通理念に基礎づけられ、諸領の民主的発展をめざして構想されたところの新制度を提供する。

（中略）

第一一条〔法律の国民投票〕①　共和国大統領は、官報に公布された国会会期中の政府提案もしくは両院共同提案に基づき、公権力の組織に関する法律案、国の経済的・社会的・環境的政策とそれに連動する公役務とに関連した諸改革に関する法律案、または、違憲ではないが諸制度の運用に影響を及ぼしうる条約の批准を承認するための法律案のどれでも国民投票に付すことができる。

②　国民投票が政府提案に基づき行われる場合には、政府は各議院において声明を行い、それに続けて討論が行われる。

③　第一項の規定する対象に関する国民投票は、国会議員の五分の一により発案し選挙人名簿に登録された選挙人の一〇分の一の支持を得て行うことができる。この発案は、議員提出法律案の形で行われ、また、審署後一年に満たない法律規定の廃止を目的とすることはできない。

④　その提案の諸条件、および、憲法院が前項の諸規定の遵守を審査する場合の諸条件は、組織法律

により定める。
⑤　この議員提出法律案が組織法律の定める期間内に両議院により審議されなかった場合には、共和国大統領はその法律案を国民投票にかける。
⑥　この議員提出法律案がフランス国民により採択されなかったときには、その投票日から二年が経過するまでは、同一主題に関する国民投票の新たな提案は一切許されない。
⑦　国民投票により政府提出もしくは議員提出の法律案の採択が決定されたときは、共和国大統領は投票結果の宣言後一五日以内にその法律を審署する。
（中略）
第六六条の一〔死刑の禁止〕何人も死刑に処せられてはならない。
（後略）

◉ドイツ（ボン基本法）

（前略）

第一条〔人間の尊厳、人権、基本権による拘束〕①人間の尊厳は不可侵である。これを尊重し、かつ保護することは、すべての国家権力の義務である。
②ドイツ国民は、それゆえ、世界におけるあらゆる人間共同体、平和及び正義の基礎として、不可侵かつ不可譲の人権に対する信念を表明する。
③以下の基本権は、直接に適用される法として、立法、執行権、裁判を拘束する。

第二条〔人格の自由な発展、生命、身体の無瑕性への権利、人身の自由〕①何人も、他人の権利を侵害せず、かつ、合憲的秩序又は人倫法則に反しない限りにおいて、自己の人格を自由に発展させる権利を有する。

②何人も、生命への権利及び身体への無瑕性への権利を有する。人身の自由は不可侵である。これらの権利への侵害が許されるのは、法律の根拠に基づく場合に限られる。

（中略）

第一二a条〔兵役及び代役義務〕

①男子に対しては、満十八歳より、軍隊、連邦国境警備隊又は民間防衛団体における役務に従事する義務を課することができる。

②良心上の理由から武器を伴う軍務を拒否する者に対しては、代役に従事する義務を課することができる。この代役の期間は、兵役の期間を超過してはならない。詳細は法律がこれを定めるが、良心の決定の自由を侵害してはならず、かつ軍隊及び連邦国境警備隊に何らかかわることのない代役の可能性をも考慮したものでなくてはならない。

（中略）

第二六条〔侵略戦争の禁止・兵器〕

①諸国民の平和的共同生活を妨害するおそれがあり、かつ、このような意図でなされた行為、とくに、侵略戦争の遂行を準備する行為は違憲である。このような行為は処罰されなければならない。

②戦争遂行用の武器は、連邦政府の許可を得ることによってのみ、これを製造し、運搬し、商取引す

ることが許される。詳細は、連邦法律でこれを定める。

（中略）

第一〇二条〔死刑廃止〕死刑は廃止されているものとする。

（後略）

◉コスタリカ共和国政治憲法

前文　わたしたちは、コスタリカ人民と、その自由意思によって選ばれた国会議員を代表し、神の名によって導かれた、わたしたちの民主主義に対する信奉を再確認しながら、以下のコスタリカ共和国憲法を、ここに公布し、批准する。

第一条　コスタリカは、民主主義と自由の独立した共和国である。

第二条　その主権は国に存する。

第三条　何人も主権を侵してはならない。祖国への反逆を企てるものは罪を犯すものである。

第四条　人民の権利を侵害し、また、人民の名で不当な請願をしようとするものは、何人であれ、また如何なる集団であっても、人民の代表を引き受けてはならない。この条項に違反するものは反逆者である。

（中略）

第一二条　①常設制度としての軍隊は禁止される。

②警備および公共秩序の維持のためには、必要な警察隊を設置する。

（中略）

第二一条　人間の生命は不可侵である。

（中略）

第三一条　コスタリカの領土は、政治的理由で迫害を受けているすべての避難所である。追放が法律上の命令で下された場合でも、追放を受けた国への送還は認められない。犯罪引き渡しは、法律又は条約の定めるところによるが、政治的又はこれに関連する犯罪の場合はコスタリカの決定に従い認められない。

（中略）

第四五条　所有権は不可侵である。合法的に公益として認められ、法律であらかじめ支払いが認められた場合を除いて、その私有権を侵害されない。戦争又は内乱の場合の被害は保障されない。しかしながら、緊急事態収束後二年以内に限り、相応の支払いはなされる。

人民の必要が生じた場合、立法議会は総数三分の二の議決を経て、社会利益の範囲内で徴税できる。

第四六条　独占資本は、いかなるかたちであれ、また誰の活動であっても、たとえ法律に依ったものであっても、商業と農業および産業の自由を脅かすために禁止される。

独占化の傾向と慣行を防ぐための国の行いは人民の利益である。

事実上の独占資本で構成された企業は、特別法に従わなければならない。

国または複数の自治体が、新たに独占企業を設立するためには、立法議会の議員総数三分の二の承認を必要とする。

（後略）

◉フィリピン共和国憲法

前文　わたしたち主権者であるフィリピン人民は、全能の神の加護のもと、公平で人間的な社会をつくり、わたしたちの理想と願いを実現するための政府を打ち立て、その良心に依って隣人を保全発展させ、わたしたち自身の繁栄を保障するために、真実と公平、自由と愛、平等と平和と、法の支配のもと、独立と民主主義を祝福し、ここに憲法を制定し、公布する。

第一条　フィリピンは民主的な共和国である。その主権は人民に存し、政府の全ての権威は人民に由来する。

第二条　フィリピンは、国策遂行の手段としての戦争を放棄し、一般に受諾された国際法の原則を国内法の一部として採用し、平和・平等・正義・自由・努力・すべての国の友好の政策を固く支持する。

（後略）

◉大韓民国憲法

（前略）

第一条〔国号、政体、主権〕①大韓民国は、民主共和国である。

②大韓民国の主権は、国民に在り、全ての権力は、国民から発する。

（中略）

第五条〔侵略戦争の否認、国軍の使命および政治的中立性〕①大韓民国は、国際平和の維持に努め、侵略的戦争を否認する。

（後略）

現行憲法と自民党改憲案比較

	①日本国憲法（現行憲法）	②日本国憲法改正草案（自民党改憲案）
上諭・御名御璽	朕は、日本国民の総意に基いて、新日本建設の礎が、定まるに至つたことを、深くよろこび、枢密顧問の諮詢及び帝国憲法第七十三条による帝国議会の議決を経た帝国憲法の改正を裁可し、ここにこれを公布せしめる。 御名　御璽 ※以下閣僚名簿は本文の堀内原稿をお読みください。筆者注	※現時点では未定・未記入　筆者注

前文

前文	日本国民は、正当に選挙された国会における代表者を通じて行動し、われらとわれらの子孫のために、諸国民との協和による成果と、わが国全土にわたつて自由のもたらす恵沢を確保し、政府の行為によつて再び戦争の惨禍が起ることのないやうにすることを決意し、ここに主権が国民に存することを宣言し、この憲法を確定する。そもそも国政は、国民の厳粛な信託によるものであつて、その権威は国民に由来し、その権力は国民の代表者がこれを行使し、その福利は国民がこれを享受する。これは人類普遍の原理であり、この憲法はかかる原理に基くも	日本国は、長い歴史と固有の文化を持ち、国民統合の象徴である天皇を戴く国家であって、国民主権の下、立法、行政及び司法の三権分立に基づいて統治される。 我が国は、先の大戦による荒廃や幾多の大災害を乗り越えて発展し、今や国際社会において重要な地位を占めており、平和主義の下、諸外国との友好関係を増進し、世界の平和と繁栄に貢献する。 日本国民は、国と郷土を誇りと気概を持って自ら守り、基本的人権を尊重するとともに、和を尊び、家族や社会全体が互いに助け合っ

のである。われらは、これに反する一切の憲法、法令及び詔勅を排除する。

日本国民は、恒久の平和を念願し、人間相互の関係を支配する崇高な理想を深く自覚するのであつて、平和を愛する諸国民の公正と信義に信頼して、われらの安全と生存を保持しようと決意した。われらは、平和を維持し、専制と隷従、圧迫と偏狭を地上から永遠に除去しようと努めてゐる国際社会において、名誉ある地位を占めたいと思ふ。われらは、全世界の国民が、ひとしく恐怖と欠乏から免かれ、平和のうちに生存する権利を有することを確認する。

われらは、いづれの国家も、自国のことのみに専念して他国を無視してはならないのであつて、政治道徳の法則は、普遍的なものであり、この法則に従ふことは、自国の主権を維持し、他国と対等関係に立たうとする各国の責務であると信ずる。

日本国民は、国家の名誉にかけ、全力をあげてこの崇高な理想と目的を達成することを誓ふ。

て国家を形成する。

我々は、自由と規律を重んじ、美しい国土と自然環境を守りつつ、教育や科学技術を振興し、活力ある経済活動を通じて国を成長させる。

日本国民は、良き伝統と我々の国家を末永く子孫に継承するため、ここに、この憲法を制定する。

第1章　天皇第1章　天皇

第一条

（天皇の地位、国民主権）
天皇は、日本国の象徴であり日本国民統合の象徴であつて、この地位は、主権の存する日本国民の総意に基く。

（天皇）
天皇は、日本国の元首であり、日本国及び日本国民統合の象徴であって、その地位は、主権の存する日本国民の総意に基づく。

第二条	（皇位の継承） 皇位は、世襲のものであつて、国会の議決した皇室典範の定めるところにより、これを継承する。	（皇位の継承） 皇位は、世襲のものであって、国会の議決した皇室典範の定めるところにより、これを継承する。
第三条	（天皇の国事行為に対する内閣の助言と承認及び責任） 天皇の国事に関するすべての行為には、内閣の助言と承認を必要とし、内閣が、その責任を負ふ。	**（国旗及び国歌）** **国旗は日章旗とし、国歌は君が代とする。** **2　日本国民は、国旗及び国歌を尊重しなければならない。**
第四条	（天皇の権能の限界、天皇の国事行為の委任） 天皇は、この憲法の定める国事に関する行為のみを行ひ、国政に関する権能を有しない。 2　天皇は、法律の定めるところにより、その国事に関する行為を委任することができる。	**（元号）** **元号は、法律の定めるところにより、皇位の継承があったときに制定する。**
第五条	（摂政） 皇室典範 の定めるところにより摂政を置くときは、摂政は、天皇の名でその国事に関する行為を行ふ。この場合には、前条第一項の規定を準用する。	（天皇の権能） 天皇は、この憲法に定める国事に関する行為を行い、国政に関する権能を有しない。
第六条	（天皇の任命権） 天皇は、国会の指名に基いて、内閣総理大臣を任命する。 2　天皇は、内閣の指名に基いて、最高裁判所の長たる裁判官を任命する。	（天皇の国事行為等） 天皇は、国民のために、国会の指名に基づいて内閣総理大臣を任命し、内閣の指名に基づいて最高裁判所の長である裁判官を任命する。 2　天皇は、国民のために、次に掲げる国事に関する行為を行う。 一　憲法改正、法律、政令及び条約を公布す

第七条	
（天皇の国事行為）	
（摂政）	ること。 二　国会を召集すること。 三　衆議院を解散すること。 四　衆議院議員の総選挙及び参議院議員の通常選挙の施行を公示すること。 五　国務大臣及び法律の定めるその他の国の公務員の任免を認証すること。 六　大赦、特赦、減刑、刑の執行の免除及び復権を認証すること。 七　栄典を授与すること。 八　全権委任状並びに大使及び公使の信任状並びに批准書及び法律の定めるその他の外交文書を認証すること。 九　外国の大使及び公使を接受すること。 十　儀式を行うこと。 3　天皇は、法律の定めるところにより、前二項の行為を委任することができる。 4　天皇の国事に関する全ての行為には、内閣の進言を必要とし、内閣がその責任を負う。ただし、衆議院の解散については、内閣総理大臣の進言による。 **5　第一項及び第二項に掲げるもののほか、天皇は、国又は地方自治体その他の公共団体が主催する式典への出席その他の公的な行為を行う。**

	天皇は、内閣の助言と承認により、国民のために、左の国事に関する行為を行ふ。 1　憲法改正、法律、政令及び条約を公布すること。 2　国会を召集すること。 3　衆議院を解散すること。 4　国会議員の総選挙の施行を公示すること。 5　国務大臣及び法律の定めるその他の官吏の任免並びに全権委任状及び大使及び公使の信任状を認証すること。 6　大赦、特赦、減刑、刑の執行の免除及び復権を認証すること。 7　栄典を授与すること。 8　批准書及び法律の定めるその他の外交文書を認証すること。 9　外国の大使及び公使を接受すること。 10　儀式を行ふこと。	皇室典範の定めるところにより摂政を置くときは、摂政は、天皇の名で、その国事に関する行為を行う。 2　第五条及び前条第四項の規定は、摂政について準用する。
第八条	（皇室の財産授受の制限） 皇室に財産を譲り渡し、又は皇室が、財産を譲り受け、若しくは賜与することは、国会の議決に基かなければならない。	（皇室への財産の譲渡等の制限） 皇室に財産を譲り渡し、又は皇室が財産を譲り受け、若しくは賜与するには、法律で定める場合を除き、国会の承認を経なければならない。
第九条	←第2章へ	

	第2章　戦争の放棄	**第2章　安全保障**
第九条	（戦争の放棄、軍備及び交戦権の否認）	（平和主義）

日本国民は、正義と秩序を基調とする国際平和を誠実に希求し、国権の発動たる戦争と、武力による威嚇又は武力の行使は、国際紛争を解決する手段としては、永久にこれを放棄する。
2　前項の目的を達するため、陸海空軍その他の戦力は、これを保持しない。国の交戦権は、これを認めない。

日本国民は、正義と秩序を基調とする国際平和を誠実に希求し、国権の発動としての戦争を放棄し、武力による威嚇及び武力の行使は、国際紛争を解決する手段としては用いない。
2　前項の規定は、自衛権の発動を妨げるものではない。
（国防軍）
第九条の二　我が国の平和と独立並びに国及び国民の安全を確保するため、内閣総理大臣を最高指揮官とする国防軍を保持する。
2　国防軍は、前項の規定による任務を遂行する際は、法律の定めるところにより、国会の承認その他の統制に服する。
3　国防軍は、第一項に規定する任務を遂行するための活動のほか、法律の定めるところにより、国際社会の平和と安全を確保するために国際的に協調して行われる活動及び公の秩序を維持し、又は国民の生命若しくは自由を守るための活動を行うことができる。
4　前二項に定めるもののほか、国防軍の組織、統制及び機密の保持に関する事項は、法律で定める。
5　国防軍に属する軍人その他の公務員がその職務の実施に伴う罪又は国防軍の機密に関する罪を犯した場合の裁判を行うため、法律の定めるところにより、国防軍に審判所を置

		く。この場合においては、**被告人が裁判所へ上訴する権利は、保障されなければならない。** **（領土等の保全等）** **第九条の三　国は、主権と独立を守るため、国民と協力して、領土、領海及び領空を保全し、その資源を確保しなければならない。**

		第3章　国民の権利及び義務
第一〇条	（日本国民の要件） 日本国民たる要件は、法律でこれを定める。	（日本国民） 日本国民の要件は、法律で定める。
第一一条	（基本的人権の享有と性質） 国民は、すべての基本的人権の享有を妨げられない。この憲法が国民に保障する基本的人権は、侵すことのできない永久の権利として、現在及び将来の国民に与へられる。	（基本的人権の享有） 国民は、全ての基本的人権を享有する。この憲法が国民に保障する基本的人権は、侵すことのできない永久の権利**である。**
第一二条	（自由・権利の保持責任とその濫用の禁止） この憲法が国民に保障する自由及び権利は、国民の不断の努力によつて、これを保持しなければならない。又、国民は、これを濫用してはならないのであつて、常に公共の福祉のためにこれを利用する責任を負ふ。	（国民の責務） この憲法が国民に保障する自由及び権利は、国民の不断の努力により、保持されなければならない。国民は、これを濫用してはならず、**自由及び権利には責任及び義務が伴うことを自覚し、**常に**公益及び公の秩序に反してはならない。**
第一三条	（個人の尊重と公共の福祉） すべて国民は、個人として尊重される。生命、自由及び幸福追求に対する国民の権利については、公共の福祉に反しない限り、立法その他の	（**人として**の尊重等） 全ての国民は、**人として**尊重される。生命、自由及び幸福追求に対する国民の権利については、**公益及び公の秩序**に反しない限り、立

	国政の上で、最大の尊重を必要とする。	法その他の国政の上で、最大限に尊重されなければならない。
第一四条	（法の下の平等、貴族制度の禁止、栄典の限界） すべて国民は、法の下に平等であつて、人種、信条、性別、社会的身分又は門地により、政治的、経済的又は社会的関係において、差別されない。 2　華族その他の貴族の制度は、これを認めない。 3　栄誉、勲章その他の栄典の授与は、いかなる特権も伴はない。栄典の授与は、現にこれを有し、又は将来これを受ける者の一代に限り、その効力を有する。	（法の下の平等） 全て国民は、法の下に平等であって、人種、信条、性別、**障害の有無**、社会的身分又は門地により、政治的、経済的又は社会的関係において、差別されない。 2　華族その他の貴族の制度は、認めない。 3　栄誉、勲章その他の栄典の授与は、現にこれを有し、又は将来これを受ける者の一代に限り、その効力を有する。
第一五条	（公務員の選定罷免権、公務員の本質、普通選挙の保障、秘密投票の保障） 公務員を選定し、及びこれを罷免することは、国民固有の権利である。 2　すべて公務員は、全体の奉仕者であつて、一部の奉仕者ではない。 3　公務員の選挙については、成年者による普通選挙を保障する。 4　すべて選挙における投票の秘密は、これを侵してはならない。選挙人は、その選択に関し公的にも私的にも責任を問はれない。	（公務員の選定及び罷免に関する権利等） 公務員を選定し、及び罷免することは、主権の存する国民の権利である。 2　全て公務員は、全体の奉仕者であって、一部の奉仕者ではない。 3　公務員の選定を選挙により行う場合は、**日本国籍を有する**成年者による普通選挙の方法による。 4　選挙における投票の秘密は、侵されない。選挙人は、その選択に関し、公的にも私的にも責任を問われない。
第一六条	（請願権） 何人も、損害の救済、公務員の罷免、法律、命	（請願をする権利） 何人も、損害の救済、公務員の罷免、法律、

	令又は規則の制定、廃止又は改正その他の事項に関し、平穏に請願する権利を有し、何人も、かかる請願をしたためにいかなる差別待遇も受けない。	命令又は規則の制定、廃止又は改正その他の事項に関し、平穏に請願をする権利を有する。 2　請願をした者は、そのためにいかなる差別待遇も受けない。
第一七条	（国及び公共団体の賠償責任） 何人も、公務員の不法行為により、損害を受けたときは、法律の定めるところにより、国又は公共団体に、その賠償を求めることができる。	（国等に対する賠償請求権） 何人も、公務員の不法行為により損害を受けたときは、法律の定めるところにより、国又は地方自治体その他の公共団体に、その賠償を求めることができる。
第一八条	（奴隷的拘束及び苦役からの自由） 何人も、いかなる奴隷的拘束も受けない。又、犯罪に因る処罰の場合を除いては、その意に反する苦役に服させられない。	**（身体の拘束及び苦役からの自由）** 何人も、**その意に反すると否とにかかわらず、社会的又は経済的関係において身体を拘束されない。** 2　何人も、犯罪による処罰の場合を除いては、その意に反する苦役に服させられない。
第一九条	（思想及び良心の自由） 思想及び良心の自由は、これを侵してはならない。	（思想及び良心の自由） 思想及び良心の自由は、**保障する。** **第十九条の二　（個人情報の不当取得の禁止等）** **何人も、個人に関する情報を不当に取得し、保有し、又は利用してはならない。**
第二〇条	（信教の自由、国の宗教活動の禁止） 信教の自由は、何人に対してもこれを保障する。いかなる宗教団体も、国から特権を受け、又は政治上の権力を行使してはならない。	（信教の自由） 信教の自由は、**保障する。国は、いかなる宗教団体に対しても、特権を与えてはならない。** 2　何人も、宗教上の行為、祝典、儀式又は

	2　何人も、宗教上の行為、祝典、儀式又は行事に参加することを強制されない。 3　国及びその機関は、宗教教育その他いかなる宗教的活動もしてはならない。	行事に参加することを強制されない。 3　国及び**地方自治体その他の公共団体**は、**特定の宗教のための**教育その他の宗教的活動**をしてはならない。ただし、社会的儀礼又は習俗的行為の範囲を超えないものについては、この限りでない。**
第二一条	（集会・結社・表現の自由、検閲の禁止、通信の秘密） 集会、結社及び言論、出版その他一切の表現の自由は、これを保障する。 2　検閲は、これをしてはならない。通信の秘密は、これを侵してはならない。	（表現の自由） 集会、結社及び言論、出版その他一切の表現の自由は、保障する。 **2　前項の規定にかかわらず、公益及び公の秩序を害することを目的とした活動を行い、並びにそれを目的として結社をすることは、認められない。** 3　検閲は、してはならない。通信の秘密は、侵してはならない。 **（国政上の行為に関する説明の責務）** **第二十一条の二　国は、国政上の行為につき国民に説明する責務を負う。**
第二二条	（居住、移転及び職業選択の自由、外国移住及び国籍離脱の自由） 何人も、公共の福祉に反しない限り、居住、移転及び職業選択の自由を有する。 2　何人も、外国に移住し、又は国籍を離脱する自由を侵されない。	（居住、移転及び職業選択等の自由等） 何人も、居住、移転及び職業選択の自由を有する。 2　全て国民は、外国に移住し、又は国籍を離脱する自由を有する。
第二三条	（学問の自由） 学問の自由は、これを保障する。	（学問の自由） 学問の自由は、保障する。

第二四条	（家族生活における個人の尊厳と両性の平等） 婚姻は、両性の合意のみに基いて成立し、夫婦が同等の権利を有することを基本として、相互の協力により、維持されなければならない。 2　配偶者の選択、財産権、相続、住居の選定、離婚並びに婚姻及び家族に関するその他の事項に関しては、法律は、個人の尊厳と両性の本質的平等に立脚して、制定されなければならない。	（家族、婚姻等に関する基本原則） **家族は、社会の自然かつ基礎的な単位として、尊重される。家族は、互いに助け合わなければならない。** 2　婚姻は、両性の合意に基づいて成立し、夫婦が同等の権利を有することを基本として、相互の協力により、維持されなければならない。 3　家族、扶養、後見、婚姻及び離婚、財産権、相続並びに親族に関するその他の事項に関しては、法律は、個人の尊厳と両性の本質的平等に立脚して、制定されなければならない。
第二五条	（生存権、国の社会保障的義務） すべて国民は、健康で文化的な最低限度の生活を営む権利を有する。 2　国は、すべての生活部面について、社会福祉、社会保障及び公衆衛生の向上及び増進に努めなければならない。	（生存権等） 全て国民は、健康で文化的な最低限度の生活を営む権利を有する。 2　国は、国民生活のあらゆる側面において、社会福祉、社会保障及び公衆衛生の向上及び増進に努めなければならない。 **（環境保全の責務）** **第二十五条の二　国は、国民と協力して、国民が良好な環境を享受することができるようにその保全に努めなければならない。** **（在外国民の保護）** **第二十五条の三　国は、国外において緊急事態が生じたときは、在外国民の保護に努めなければならない。**

		（犯罪被害者等への配慮） **第二十五条の四　国は、犯罪被害者及びその家族の人権及び処遇に配慮しなければならない。**
第二六条	（教育を受ける権利、教育の義務） すべて国民は、法律の定めるところにより、その能力に応じて、ひとしく教育を受ける権利を有する。 2　すべて国民は、法律の定めるところにより、その保護する子女に普通教育を受けさせる義務を負ふ。義務教育は、これを無償とする。	（教育に関する権利及び義務等） 全て国民は、法律の定めるところにより、その能力に応じて、等しく教育を受ける権利を有する。 2　全て国民は、法律の定めるところにより、その保護する子に普通教育を受けさせる義務を負う。義務教育は、無償とする。 3　**国は、教育が国の未来を切り拓く上で欠くことのできないものであることに鑑み、教育環境の整備に努めなければならない。**
第二七条	（勤労の権利及び義務、勤労条件の基準、児童酷使の禁止） すべて国民は、勤労の権利を有し、義務を負ふ。 2　賃金、就業時間、休息その他の勤労条件に関する基準は、法律でこれを定める。 3　児童は、これを酷使してはならない。	（勤労の権利及び義務等） 全て国民は、勤労の権利を有し、義務を負う。 2　賃金、就業時間、休息その他の勤労条件に関する基準は、法律で定める。 3　何人も、児童を酷使してはならない。
第二八条	（勤労者の団結権、団体交渉権その他団体行動権） 勤労者の団結する権利及び団体交渉その他の団体行動をする権利は、これを保障する。	（勤労者の団結権等） 勤労者の団結する権利及び団体交渉その他の団体行動をする権利は、保障する。 2　**公務員については、全体の奉仕者であることに鑑み、法律の定めるところにより、前項に規定する権利の全部又は一部を制限する**

		ことができる。この場合においては、公務員の勤労条件を改善するため、必要な措置が講じられなければならない。
第二九条	（財産権の保障） 財産権の保障は、これを侵してはならない。 2　財産権の内容は、公共の福祉に適合するやうに、法律でこれを定める。 3　私有財産は、正当な補償の下に、これを公共のために用ひることができる。	（財産権） 財産権は、保障する。 2　財産権の内容は、**公益及び公の秩序**に適合するように、法律で定める。**この場合において、知的財産権については、国民の知的創造力の向上に資するように配慮しなければならない。** 3　私有財産は、正当な補償の下に、公共のために用いることができる。
第三〇条	（納税の義務） 国民は、法律の定めるところにより、納税の義務を負ふ。	（納税の義務） 国民は、法律の定めるところにより、納税の義務を負う。
第三一条	（法定手続きの保障） 何人も、法律の定める手続によらなければ、その生命若しくは自由を奪はれ、又はその他の刑罰を科せられない。	（適正手続の保障） 何人も、法律の定める適正な手続によらなければ、その生命若しくは自由を奪われ、又はその他の刑罰を科せられない。
第三二条	（裁判を受ける権利） 何人も、裁判所において裁判を受ける権利を奪はれない。	（裁判を受ける権利） 何人も、裁判所において裁判を受ける権利を有する。
第三三条	（逮捕の要件） 何人も、現行犯として逮捕される場合を除いては、権限を有する司法官憲が発し、且つ理由となつてゐる犯罪を明示する令状によらなければ	（逮捕に関する手続の保障） 何人も、現行犯として逮捕される場合を除いては、裁判官が発し、かつ、理由となっている犯罪を明示する令状によらなければ、逮捕

	ば、逮捕されない。	されない。
第三四条	（抑留・拘禁に対する保障、拘禁理由の開示） 何人も、理由を直ちに告げられ、且つ、直ちに弁護人に依頼する権利を与へられなければ、抑留又は拘禁されない。又、何人も、正当な理由がなければ、拘禁されず、要求があれば、その理由は、直ちに本人及びその弁護人の出席する公開の法廷で示されなければならない。	（抑留及び拘禁に関する手続の保障） 何人も、正当な理由がなく、若しくは理由を直ちに告げられることなく、又は直ちに弁護人に依頼する権利を与えられることなく、抑留され、又は拘禁されない。 ２　拘禁された者は、拘禁の理由を直ちに本人及びその弁護人の出席する公開の法廷で示すことを求める権利を有する。
第三五条	（住居の侵入・捜索・押収に対する保障） 何人も、その住居、書類及び所持品について、侵入、捜索及び押収を受けることのない権利は、第三十三条の場合を除いては、正当な理由に基いて発せられ、且つ捜索する場所及び押収する物を明示する令状がなければ、侵されない。 ２　捜索又は押収は、権限を有する司法官憲が発する各別の令状により、これを行ふ。	（住居等の不可侵） 何人も、正当な理由に基づいて発せられ、かつ、捜索する場所及び押収する物を明示する令状によらなければ、住居その他の場所、書類及び所持品について、侵入、捜索又は押収を受けない。ただし、第三十三条の規定により逮捕される場合は、この限りではない。 ２　前項本文の規定による捜索又は押収は、裁判官が発する各別の令状によって行う。
第三六条	（拷問及び残虐刑の禁止） 公務員による拷問及び残虐な刑罰は、絶対にこれを禁ずる。	（拷問及び残虐な刑罰の禁止） 公務員による拷問及び残虐な刑罰は、禁止する。
第三七条	（刑事被告人の権利） すべて刑事事件においては、被告人は、公平な裁判所の迅速な公開裁判を受ける権利を有する。 ２　刑事被告人は、すべての証人に対して審	（刑事被告人の権利） 全て刑事事件においては、被告人は、公平な裁判所の迅速な公開裁判を受ける権利を有する。 ２　被告人は、全ての証人に対して審問する

	問する機会を充分に与へられ、又、公費で自己のために強制的手続により証人を求める権利を有する。 3　刑事被告人は、いかなる場合にも、資格を有する弁護人を依頼することができる。被告人が自らこれを依頼することができないときは、国でこれを附する。	機会を十分に与えられる権利及び公費で自己のために強制的手続により証人を求める権利を有する。 3　被告人は、いかなる場合にも、資格を有する弁護人を依頼することができる。被告人が自らこれを依頼することができないときは、国でこれを付する。
第三八条	（不利益な供述の強要禁止・自白の証拠能力） 何人も、自己に不利益な供述を強要されない。 2　強制、拷問若しくは脅迫による自白又は不当に長く抑留若しくは拘禁された後の自白は、これを証拠とすることができない。 3　何人も、自己に不利益な唯一の証拠が本人の自白である場合には、有罪とされ、又は刑罰を科せられない。	（刑事事件における自白等） 何人も、自己に不利益な供述を強要されない。 2　拷問、脅迫その他の強制による自白又は不当に長く抑留され、若しくは拘禁された後の自白は、証拠とすることができない。 3　何人も、自己に不利益な唯一の証拠が本人の自白である場合には、有罪とされない。
第三九条	（遡及処罰の禁止・一事不再理） 何人も、実行の時に適法であつた行為又は既に無罪とされた行為については、刑事上の責任を問はれない。又、同一の犯罪について、重ねて刑事上の責任を問はれない。	（遡及処罰等の禁止） 何人も、実行の時に違法でなかった行為又は既に無罪とされた行為については、刑事上の責任を問われない。同一の犯罪については、重ねて刑事上の責任を問われない。
第四〇条	（刑事補償） 何人も、抑留又は拘禁された後、無罪の裁判を受けたときは、法律の定めるところにより、国にその補償を求めることができる。	（刑事補償を求める権利） 何人も、抑留され、又は拘禁された後、裁判の結果無罪となったときは、法律の定めるところにより、国にその補償を求めることができる。

	第4章　国会	第4章　国会
第四一条	（国会の地位・立法権） 国会は、国権の最高機関であつて、国の唯一の立法機関である。	（国会と立法権） 国会は、国権の最高機関であって、国の唯一の立法機関である。
第四二条	（両院制） 国会は、衆議院及び参議院の両議院でこれを構成する。	（両議院） 国会は、衆議院及び参議院の両議院で構成する。
第四三条	（両議院の組織） 両議院は、全国民を代表する選挙された議員でこれを組織する。 2　両議院の議員の定数は、法律でこれを定める。	（両議院の組織） 両議院は、全国民を代表する選挙された議員で組織する。 2　両議院の議員の定数は、法律で定める。
第四四条	（議員及び選挙人の資格） 両議院の議員及びその選挙人の資格は、法律でこれを定める。但し、人種、信条、性別、社会的身分、門地、教育、財産又は収入によつて差別してはならない。	（議員及び選挙人の資格） 両議院の議員及びその選挙人の資格は、法律で定める。この場合においては、人種、信条、性別、**障害の有無**、社会的身分、門地、教育、財産又は収入によって差別してはならない。
第四五条	（衆議院議員の任期） 衆議院議員の任期は、四年とする。但し、衆議院解散の場合には、その期間満了前に終了する。	（衆議院議員の任期） 衆議院議員の任期は、四年とする。ただし、衆議院が解散された場合には、その期間満了前に終了する。
第四六条	（参議院議員の任期） 参議院議員の任期は、六年とし、三年ごとに議員の半数を改選する。	（参議院議員の任期） 参議院議員の任期は、六年とし、三年ごとに議員の半数を改選する。
第四七条	（選挙に関する事項） 選挙区、投票の方法その他両議院の議員の選挙	（選挙に関する事項） 選挙区、投票の方法その他両議院の議員の選

	に関する事項は、法律でこれを定める。	挙に関する事項は、法律で定める。**この場合においては、各選挙区は、人口を基本とし、行政区画、地勢等を総合的に勘案して定めなければならない。**
第四八条	（両議院議員兼職の禁止） 何人も、同時に両議院の議員たることはできない。	（両議院議員兼職の禁止） 何人も、同時に両議院の議員となることはできない。
第四九条	（議員の歳費） 両議院の議員は、法律の定めるところにより、国庫から相当額の歳費を受ける。	（議員の歳費） 両議院の議員は、法律の定めるところにより、国庫から相当額の歳費を受ける。
第五〇条	（議員の不逮捕特権） 両議院の議員は、法律の定める場合を除いては、国会の会期中逮捕されず、会期前に逮捕された議員は、その議院の要求があれば、会期中これを釈放しなければならない。	（議員の不逮捕特権） 両議院の議員は、法律の定める場合を除いては、国会の会期中逮捕されず、会期前に逮捕された議員は、その議院の要求があるときは、会期中釈放しなければならない。
第五一条	（議員の発言・表決の無責任） 両議院の議員は、議院で行つた演説、討論又は表決について、院外で責任を問はれない	（議員の免責特権） 両議院の議員は、議院で行った演説、討論又は表決について、院外で責任を問われない。
第五二条	（常会） 国会の常会は、毎年一回これを召集する。	（通常国会） 通常国会は、毎年一回召集される。 **2　通常国会の会期は、法律で定める。**
第五三条	（臨時会） 内閣は、国会の臨時会の召集を決定することができる。いづれかの議院の総議員の四分の一以上の要求があれば、内閣は、その召集を決定しなければならない。	（臨時国会） 内閣は、臨時国会の召集を決定することができる。いずれかの議院の総議員の四分の一以上の**要求があったときは、要求があった日から二十日以内に臨時国会が召集されなければ**

		ならない。
第五四条	(衆議院の解散・特別会、参議院の緊急集会) 衆議院が解散されたときは、解散の日から四十日以内に、衆議院議員の総選挙を行ひ、その選挙の日から三十日以内に、国会を召集しなければならない。 2　衆議院が解散されたときは、参議院は、同時に閉会となる。但し、内閣は、国に緊急の必要があるときは、参議院の緊急集会を求めることができる。 3　前項但書の緊急集会において採られた措置は、臨時のものであつて、次の国会開会の後十日以内に、衆議院の同意がない場合には、その効力を失ふ。	(衆議院の解散と衆議院議員の総選挙、特別国会及び参議院の緊急集会) **衆議院の解散は、内閣総理大臣が決定する。** 2　衆議院が解散されたときは、解散の日から四十日以内に、衆議院議員の総選挙を行い、その選挙の日から三十日以内に、特別国会が召集されなければならない。 3　衆議院が解散されたときは、参議院は、同時に閉会となる。ただし、内閣は、国に緊急の必要があるときは、参議院の緊急集会を求めることができる。 4　前項ただし書の緊急集会において採られた措置は、臨時のものであって、次の国会開会の後十日以内に、衆議院の同意がない場合には、その効力を失う。
第五五条	(資格争訟の裁判) 両議院は、各々その議員の資格に関する争訟を裁判する。但し、議員の議席を失はせるには、出席議員の三分の二以上の多数による議決を必要とする。	(議員の資格審査) 両議院は、各々その議員の資格に関し争いがあるときは、これについて審査し、議決する。ただし、議員の議席を失わせるには、出席議員の三分の二以上の多数による議決を必要とする。
第五六条	(定足数、表決) 両議院は、各々その総議員の三分の一以上の出席がなければ、議事を開き議決することができない。	(表決及び定足数) 両議院の議事は、この憲法に特別の定めのある場合を除いては、出席議員の過半数で決し、可否同数のときは、議長の決するところによ

	2　両議院の議事は、この憲法に特別の定のある場合を除いては、出席議員の過半数でこれを決し、可否同数のときは、議長の決するところによる。	る。 **2　両議院の議決は、各々その総議員の三分の一以上の出席がなければすることができない。**
第五七条	（会議の公開と秘密会、会議録、表決の記載） 両議院の会議は、公開とする。但し、出席議員の三分の二以上の多数で議決したときは、秘密会を開くことができる。 2　両議院は、各々その会議の記録を保存し、秘密会の記録の中で特に秘密を要すると認められるもの以外は、これを公表し、且つ一般に頒布しなければならない。 3　出席議員の五分の一以上の要求があれば、各議員の表決は、これを会議録に記載しなければならない。	（会議及び会議録の公開等） 両議院の会議は、公開しなければならない。ただし、出席議員の三分の二以上の多数で議決したときは、秘密会を開くことができる。 2　両議院は、各々その会議の記録を保存し、秘密会の記録の中で特に秘密を要すると認められるものを除き、これを公表し、かつ、一般に頒布しなければならない。 3　出席議員の五分の一以上の要求があるときは、各議員の表決を会議録に記載しなければならない。
第五八条	（役員の選任、議院規則・懲罰） 両議院は、各々その議長その他の役員を選任する。 2　両議院は、各々その会議その他の手続及び内部の規律に関する規則を定め、又、院内の秩序をみだした議員を懲罰することができる。但し、議員を除名するには、出席議員の三分の二以上の多数による議決を必要とする。	（役員の選任並びに議院規則及び懲罰） 両議院は、各々その議長その他の役員を選任する。 2　両議院は、各々その会議その他の手続及び内部の規律に関する規則を定め、並びに、院内の秩序を乱した議員を懲罰することができる。ただし、議員を除名するには、出席議員の三分の二以上の多数による議決を必要とする。
第五九条	（法律案の議決、衆議院の優越） 法律案は、この憲法に特別の定のある場合を除	（法律案の議決及び衆議院の優越） 法律案は、この憲法に特別の定めのある場合

	いては、両議院で可決したとき法律となる。 2　衆議院で可決し、参議院でこれと異なつた議決をした法律案は、衆議院で出席議員の三分の二以上の多数で再び可決したときは、法律となる。 3　前項の規定は、法律の定めるところにより、衆議院が、両議院の協議会を開くことを求めることを妨げない。 4　参議院が、衆議院の可決した法律案を受け取つた後、国会休会中の期間を除いて六十日以内に、議決しないときは、衆議院は、参議院がその法律案を否決したものとみなすことができる。	を除いては、両議院で可決したとき法律となる。 2　衆議院で可決し、参議院でこれと異なった議決をした法律案は、衆議院で出席議員の三分の二以上の多数で再び可決したときは、法律となる。 3　前項の規定は、法律の定めるところにより、衆議院が両議院の協議会を開くことを求めることを妨げない。 4　参議院が、衆議院の可決した法律案を受け取った後、国会休会中の期間を除いて六十日以内に、議決しないときは、衆議院は、参議院がその法律案を否決したものとみなすことができる。
第六〇条	（衆議院の予算先議との優越） 予算は、さきに衆議院に提出しなければならない。 2　予算について、参議院で衆議院と異なつた議決をした場合に、法律の定めるところにより、両議院の協議会を開いても意見が一致しないとき、又は参議院が、衆議院の可決した予算を受け取つた後、国会休会中の期間を除いて三十日以内に、議決しないときは、衆議院の議決を国会の議決とする。	（予算案の議決等に関する衆議院の優越） 予算は、先に衆議院に提出しなければならない。 2　予算案について、参議院で衆議院と異なった議決をした場合において、法律の定めるところにより、両議院の協議会を開いても意見が一致しないとき、又は参議院が、衆議院の可決した予算案を受け取った後、国会休会中の期間を除いて三十日以内に、議決しないときは、衆議院の議決を国会の議決とする。
第六一条	（条約の国会承認と衆議院の優越） 条約の締結に必要な国会の承認については、前	（条約の承認に関する衆議院の優越） 条約の締結に必要な国会の承認については、

	条第二項の規定を準用する。	前条第二項の規定を準用する。
第六二条	（議院の国政調査権） 両議院は、各々国政に関する調査を行ひ、これに関して、証人の出頭及び証言並びに記録の提出を要求することができる。	（議院の国政調査権） 両議院は、各々国政に関する調査を行い、これに関して、証人の出頭及び証言並びに記録の提出を要求することができる。
第六三条	（国務大臣の議院出席の権利と義務） 内閣総理大臣その他の国務大臣は、両議院の一に議席を有すると有しないとにかかはらず、何時でも議案について発言するため議院に出席することができる。又、答弁又は説明のため出席を求められたときは、出席しなければならない。	（内閣総理大臣等の議員出席の権利及び義務） 内閣総理大臣及びその他の国務大臣は、議案について発言するため両議院に出席することができる。 2　内閣総理大臣及びその他の国務大臣は、答弁又は説明のため議院から出席を求められたときは、出席しなければならない。**ただし、職務の遂行上特に必要がある場合は、この限りでない。**
第六四条	（弾劾裁判所） 国会は、罷免の訴追を受けた裁判官を裁判するため、両議院の議員で組織する弾劾裁判所を設ける。 2　弾劾に関する事項は、法律でこれを定める。	（弾劾裁判所） 国会は、罷免の訴追を受けた裁判官を裁判するため、両議院の議員で組織する弾劾裁判所を設ける。 2　弾劾に関する事項は、法律で定める。 **（政党）** **第六四条の二　国は、政党が議会制民主主義に不可欠の存在であることに鑑み、その活動の公正の確保及びその健全な発展に努めなければならない。** **2　政党の政治活動の自由は、保障する。** **3　前二項に定めるもののほか、政党に関す**

		る事項は、法律で定める。
	第5章　内閣	第5章　内閣
第六五条	（行政権と内閣） 行政権は、内閣に属する。	（内閣と行政権） 行政権は、**この憲法に特別の定めのある場合を除き、**内閣に属する。
第六六条	（内閣の組織、国務大臣の資格、国会に対する連帯責任） 内閣は、法律の定めるところにより、その首長たる内閣総理大臣及びその他の国務大臣でこれを組織する。 2　内閣総理大臣その他の国務大臣は、文民でなければならない。 3　内閣は、行政権の行使について、国会に対し連帯して責任を負ふ。	（内閣の構成及び国会に対する責任） 内閣は、法律の定めるところにより、その首長である内閣総理大臣及びその他の国務大臣で構成する。 2　内閣総理大臣及び全ての国務大臣は、**現役の軍人であってはならない。** 3　内閣は、行政権の行使について、国会に対し連帯して責任を負う。
第六七条	（内閣総理大臣の指名、衆議院の優越） 内閣総理大臣は、国会議員の中から国会の議決で、これを指名する。この指名は、他のすべての案件に先だつて、これを行ふ。 2　衆議院と参議院とが異なつた指名の議決をした場合に、法律の定めるところにより、両議院の協議会を開いても意見が一致しないとき、又は衆議院が指名の議決をした後、国会休会中の期間を除いて十日以内に、参議院が、指名の議決をしないときは、衆議院の議決を国会の議決とする。	（内閣総理大臣の指名及び衆議院の優越） 内閣総理大臣は、国会議員の中から国会が指名する。 2　国会は、他の全ての案件に先立って、内閣総理大臣の指名を行わなければならない。 3　衆議院と参議院とが、異なった指名をした場合において、法律の定めるところにより、両議院の協議会を開いても意見が一致しないとき、又は衆議院が指名をした後、国会休会中の期間を除いて十日以内に、参議院が指名をしないときは、衆議院の指名を国会の指名

		とする。
第六八条	（国務大臣の任命及び罷免） 内閣総理大臣は、国務大臣を任命する。但し、その過半数は、国会議員の中から選ばれなければならない。 2　内閣総理大臣は、任意に国務大臣を罷免することができる。	（国務大臣の任免） 内閣総理大臣は、国務大臣を任命する。この場合においては、その過半数は、国会議員の中から任命しなければならない。 2　内閣総理大臣は、任意に国務大臣を罷免することができる。
第六九条	（内閣不信任決議の効果） 内閣は、衆議院で不信任の決議案を可決し、又は信任の決議案を否決したときは、十日以内に衆議院が解散されない限り、総辞職をしなければならない。	（内閣の不信任と総辞職） 内閣は、衆議院が不信任の決議案を可決し、又は信任の決議案を否決したときは、十日以内に衆議院が解散されない限り、総辞職をしなければならない。
第七〇条	（内閣総理大臣の欠缺又は総選挙後の内閣の総辞職） 内閣総理大臣が欠けたとき、又は衆議院議員総選挙の後に初めて国会の召集があったときは、内閣は、総辞職をしなければならない。	（内閣総理大臣が欠けたとき等の内閣の総辞職等） 内閣総理大臣が欠けたとき、又は、衆議院議員の総選挙の後に初めて国会の召集があったときは、内閣は、総辞職をしなければならない。 2　**内閣総理大臣が欠けたとき、その他これに準ずる場合として法律で定めるときは、内閣総理大臣があらかじめ指定した国務大臣が、臨時に、その職務を行う。**
第七一条	（総辞職後の内閣の職務） 前二条の場合には、内閣は、あらたに内閣総理大臣が任命されるまで引き続きその職務を行ふ。	（総辞職後の内閣） 前二条の場合には、内閣は、新たに内閣総理大臣が任命されるまでの間は、引き続き、その職務を行う。

	現行憲法	自民党改憲案
第七二条	（内閣総理大臣の職務） 内閣総理大臣は、内閣を代表して議案を国会に提出し、一般国務及び外交関係について国会に報告し、並びに行政各部を指揮監督する。	（内閣総理大臣の職務） 内閣総理大臣は、行政各部を**指揮監督し、その総合調整を行う。** 2　内閣総理大臣は、内閣を代表して、議案を国会に提出し、並びに一般国務及び外交関係について国会に報告する。 3　**内閣総理大臣は、最高指揮官として、国防軍を統括する。**
第七三条	（内閣の職務） 内閣は、他の一般行政事務の外、左の事務を行ふ。 一　法律を誠実に執行し、国務を総理すること。 二　外交関係を処理すること。 三　条約を締結すること。但し、事前に、時宜によつては事後に、国会の承認を経ることを必要とする。 四　法律の定める基準に従ひ、官吏に関する事務を掌理すること。 五　予算を作成して国会に提出すること。 六　この憲法及び法律の規定を実施するために、政令を制定すること。但し、政令には、特にその法律の委任がある場合を除いては、罰則を設けることができない。 七　大赦、特赦、減刑、刑の執行の免除及び復権を決定すること。	（内閣の職務） 内閣は、他の一般行政事務のほか、次に掲げる事務を行う。 一　法律を誠実に執行し、国務を総理すること。 二　外交関係を処理すること。 三　条約を締結すること。ただし、事前に、やむを得ない場合は事後に、国会の承認を経ることを必要とする。 四　法律の定める基準に従い、国の公務員に関する事務をつかさどること。 五　**予算及び法律案**を作成して国会に提出すること。 六　法律の規定に基づき、政令を制定すること。ただし、政令には、特にその法律の委任がある場合を除いては、**義務を課し、又は権利を制限する規定**を設けることができない。 七　大赦、特赦、減刑、刑の執行の免除及び

		復権を決定すること。
第七四条	(法律・政令の署名及び連署) 法律及び政令には、すべて主任の国務大臣が署名し、内閣総理大臣が連署することを必要とする。	(法律及び政令への署名) 法律及び政令には、全て主任の国務大臣が署名し、内閣総理大臣が連署することを必要とする。
第七五条	(国務大臣の特典) 国務大臣は、その在任中内閣総理大臣の同意がなければ、訴追されない。但し、これがため、訴追の権利は、害されない。	(国務大臣の不訴追特権) 国務大臣は、その在任中、内閣総理大臣の同意がなければ、公訴を提起されない。ただし、国務大臣でなくなった後に、公訴を提起することを妨げない。
	第6章 司法	**第6章 司法**
第七六条	(司法権、裁判所、特別裁判所の禁止、裁判官の独立) すべて司法権は、最高裁判所及び法律の定めるところにより設置する下級裁判所に属する。 2　特別裁判所は、これを設置することができない。行政機関は、終審として裁判を行ふことができない。 3　すべて裁判官は、その良心に従ひ独立してその職権を行ひ、この憲法及び法律にのみ拘束される。	(裁判権と司法権) 全て司法権は、最高裁判所及び法律の定めるところにより設置する下級裁判所に属する。 2　特別裁判所は、設置することができない。行政機関は、最終的な上訴審として裁判を行うことができない。 3　全て裁判官は、その良心に従い独立してその職権を行い、この憲法及び法律にのみ拘束される。
第七七条	(最高裁判所の規則制定権) 最高裁判所は、訴訟に関する手続、弁護士、裁判所の内部規律及び司法事務処理に関する事項について、規則を定める権限を有する。	(最高裁判所の規則制定権) 最高裁判所は、裁判に関する手続、弁護士、裁判所の内部規律及び司法事務処理に関する事項について、規則を定める権限を有する。

条	現行憲法	自民党改憲案
	2　検察官は、最高裁判所の定める規則に従はなければならない。 3　最高裁判所は、下級裁判所に関する規則を定める権限を、下級裁判所に委任することができる。	2　検察官、弁護士その他の裁判に関わる者は、最高裁判所の定める規則に従わなければならない。 3　最高裁判所は、下級裁判所に関する規則を定める権限を、下級裁判所に委任することができる。
第七八条	（裁判官の身分の保障） 裁判官は、裁判により、心身の故障のために職務を執ることができないと決定された場合を除いては、公の弾劾によらなければ罷免されない。裁判官の懲戒処分は、行政機関がこれを行ふことはできない。	（裁判官の身分保障） 裁判官は、次条第三項に規定する場合及び心身の故障のために職務を執ることができないと裁判により決定された場合を除いては、第六十四条第一項の規定による裁判によらなければ罷免されない。行政機関は、裁判官の懲戒処分を行うことができない。
第七九条	（最高裁判所の構成、国民審査、定年、報酬） 最高裁判所は、その長たる裁判官及び法律の定める員数のその他の裁判官でこれを構成し、その長たる裁判官以外の裁判官は、内閣でこれを任命する。 2　最高裁判所の裁判官の任命は、その任命後初めて行はれる衆議院議員総選挙の際国民の審査に付し、その後十年を経過した後初めて行はれる衆議院議員総選挙の際更に審査に付し、その後も同様とする。 3　前項の場合において、投票者の多数が裁判官の罷免を可とするときは、その裁判官は、罷免される。	（最高裁判所の裁判官） 最高裁判所は、その長である裁判官及び法律の定める員数のその他の裁判官で構成し、最高裁判所の長である裁判官以外の裁判官は、内閣が任命する。 2　最高裁判所の裁判官は、その任命後、**法律の定めるところにより、国民の審査を受けなければならない。** 3　前項の審査において罷免すべきとされた裁判官は、罷免される。 〔削除〕 4　最高裁判所の裁判官は、法律の定める年齢に達した時に退官する。

	第八〇条	第八一条	第八二条
4　審査に関する事項は、法律でこれを定める。 5　最高裁判所の裁判官は、法律の定める年齢に達した時に退官する。 6　最高裁判所の裁判官は、すべて定期に相当額の報酬を受ける。この報酬は、在任中、これを減額することができない。	（下級裁判所の裁判官、任期、定年、報酬） 下級裁判所の裁判官は、最高裁判所の指名した者の名簿によつて、内閣でこれを任命する。その裁判官は、任期を十年とし、再任されることができる。但し、法律の定める年齢に達した時には退官する。 2　下級裁判所の裁判官は、すべて定期に相当額の報酬を受ける。この報酬は、在任中、これを減額することができない。	（最高裁判所と法令審査権） 最高裁判所は、一切の法律、命令、規則又は処分が憲法に適合するかしないかを決定する権限を有する終審裁判所である。	（裁判の公開） 裁判の対審及び判決は、公開法廷でこれを行ふ。 2　裁判所が、裁判官の全員一致で、公の秩序又は善良の風俗を害する虞があると決した場合には、対審は、公開しないでこれを行ふことができる。但し、政治犯罪、出版に関する犯罪
5　最高裁判所の裁判官は、全て定期に相当額の報酬を受ける。この報酬は、在任中、**分限又は懲戒による場合及び一般の公務員の例による場合を除き、**減額できない。	（下級裁判所の裁判官） 下級裁判所の裁判官は、最高裁判所の指名した者の名簿によって、内閣が任命する。その裁判官は、**法律の定める任期を限って任命され**、再任されることができる。ただし、法律の定める年齢に達した時には、退官する。 2　**前条第五項の規定は、下級裁判所の裁判官の報酬について準用する。**	（法令審査権と最高裁判所） 最高裁判所は、一切の法律、命令、規則又は処分が憲法に適合するかしないかを決定する権限を有する最終的な上訴審裁判所である。	（裁判の公開） 裁判の口頭弁論及び公判手続並びに判決は、公開の法廷で行う。 2　裁判所が、裁判官の全員一致で、公の秩序又は善良の風俗を害するおそれがあると決した場合には、口頭弁論及び公判手続は、公

	又はこの憲法第三章で保障する国民の権利が問題となつてゐる事件の対審は、常にこれを公開しなければならない。	開しないで行うことができる。ただし、政治犯罪、出版に関する犯罪又は第三章で保障する国民の権利が問題となっている事件の口頭弁論及び公判手続は、常に公開しなければならない。
	第7章　財政	**第7章　財政**
第八三条	（財政処理の権限） 国の財政を処理する権限は、国会の議決に基いて、これを行使しなければならない。	（財政の基本原則） 国の財政を処理する権限は、国会の議決に基づいて行使しなければならない。 2　**財政の健全性は、法律の定めるところにより、確保されなければならない。**
第八四条	（課税の要件） あらたに租税を課し、又は現行の租税を変更するには、法律又は法律の定める条件によることを必要とする。	（租税法律主義） 租税を新たに課し、又は変更するには、法律の定めるところによることを必要とする。
第八五条	（国費の支出及び国の債務負担） 国費を支出し、又は国が債務を負担するには、国会の議決に基くことを必要とする。	（国費の支出及び国の債務負担） 国費を支出し、又は国が債務を負担するには、国会の議決に基づくことを必要とする。
第八六条	（予算の作成と国会議決） 内閣は、毎会計年度の予算を作成し、国会に提出して、その審議を受け議決を経なければならない。	（予算） 内閣は、毎会計年度の予算案を作成し、国会に提出して、その審議を受け、議決を経なければならない。 2　**内閣は、毎会計年度中において、予算を補正するための予算案を提出することができる。**

		3　内閣は、当該会計年度開始前に第一項の議決を得られる見込みがないと認めるときは、**暫定期間に係る予算案を提出しなければ**ならない。 **4　毎会計年度の予算は、法律の定めるところにより、国会の議決を経て、翌年度以降の年度においても支出することができる。**
第八七条	（予備費） 予見し難い予算の不足に充てるため、国会の議決に基いて予備費を設け、内閣の責任でこれを支出することができる。 2　すべて予備費の支出については、内閣は、事後に国会の承諾を得なければならない。	（予備費） 予見し難い予算の不足に充てるため、国会の議決に基づいて予備費を設け、内閣の責任でこれを支出することができる。 2　全て予備費の支出については、内閣は、事後に国会の承諾を得なければならない。
第八八条	（皇室財産・皇室の費用） すべて皇室財産は、国に属する。すべて皇室の費用は、予算に計上して国会の議決を経なければならない。	（皇室財産及び皇室の費用） 全て皇室財産は、国に属する。全て皇室の費用は、予算案に計上して国会の議決を経なければならない。
第八九条	（公の財産の支出又は利用の制限） 公金その他の公の財産は、宗教上の組織若しくは団体の使用、便益若しくは維持のため、又は公の支配に属しない慈善、教育若しくは博愛の事業に対し、これを支出し、又はその利用に供してはならない。	（公の財産の支出及び利用の制限） 公金その他の公の財産は、**第二十条第三項ただし書に規定する場合を除き、宗教的活動を行う組織**若しくは団体の使用、便益若しくは維持のため支出し、又はその利用に供してはならない。 2　公金その他の公の財産は、**国若しくは地方自治体その他の公共団体の監督が及ばない慈善、教育若しくは博愛の事業に対して支出**

条	現行憲法	自民党改憲案
		し、又はその利用に供してはならない。
第九〇条	（決算、会計監査院） 国の収入支出の決算は、すべて毎年会計検査院がこれを検査し、内閣は、次の年度に、その検査報告とともに、これを国会に提出しなければならない。 2　会計検査院の組織及び権限は、法律でこれを定める。	（決算の承認等） 内閣は、国の収入支出の決算について、全て毎年会計検査院の検査を受け、法律の定めるところにより、次の年度にその検査報告とともに**両議院に提出し、その承認を受けなければならない。** 2　会計検査院の組織及び権限は、法律で定める。 **3　内閣は、第一項の検査報告の内容を予算案に反映させ、国会に対し、その結果について報告しなければならない。**
第九一条	（財政状況の報告） 内閣は、国会及び国民に対し、定期に、少くとも毎年一回、国の財政状況について報告しなければならない。	（財政状況の報告） 内閣は、国会に対し、定期に、少なくとも毎年一回、国の財政状況について報告しなければならない。
	第8章　地方自治	**第8章　地方自治**
第九二条	（地方自治の基本原則） 地方公共団体の組織及び運営に関する事項は、地方自治の本旨に基いて、法律でこれを定める。	**（地方自治の本旨）** **地方自治は、住民の参画を基本とし、住民に身近な行政を自主的、自立的かつ総合的に実施することを旨として行う。** **2　住民は、その属する地方自治体の役務の提供を等しく受ける権利を有し、その負担を公平に分担する義務を負う。**
第九三条	（地方公共団体の議会、長、議員等の直接選挙）	（地方自治体の種類、国及び地方自治体の協

	地方公共団体には、法律の定めるところにより、その議事機関として議会を設置する。 2　地方公共団体の長、その議会の議員及び法律の定めるその他の吏員は、その地方公共団体の住民が、直接これを選挙する。	力等） **地方自治体は、基礎地方自治体及びこれを包括する広域地方自治体とすることを基本とし、その種類は、法律で定める。** 2　地方自治体の組織及び運営に関する基本的事項は、地方自治の本旨に基づいて、法律で定める。 **3　国及び地方自治体は、法律の定める役割分担を踏まえ、協力しなければならない。地方自治体は、相互に協力しなければならない。**
第九四条	（地方公共団体の権能） 地方公共団体は、その財産を管理し、事務を処理し、及び行政を執行する権能を有し、法律の範囲内で条例を制定することができる。	（地方自治体の議会及び公務員の直接選挙） 地方自治体には、法律の定めるところにより、条例その他重要事項を議決する機関として、議会を設置する。 2　地方自治体の長、議会の議員及び法律の定めるその他の公務員は、当該地方自治体の住民であって**日本国籍を有する者**が直接選挙する。
第九五条	（特別法の住民投票） 一の地方公共団体のみに適用される特別法は、法律の定めるところにより、その地方公共団体の住民の投票においてその過半数の同意を得なければ、国会は、これを制定することができない。	（地方自治体の権能） 地方自治体は、その事務を処理する権能を有し、法律の範囲内で条例を制定することができる。

第九六条	（憲法改正の手続き、その公布） この憲法の改正は、各議院の総議員の三分の二以上の賛成で、国会が、これを発議し、国民に提案してその承認を経なければならない。この承認には、特別の国民投票又は国会の定める選挙の際行はれる投票において、その過半数の賛成を必要とする。 2　憲法改正について前項の承認を経たときは、天皇は、国民の名で、この憲法と一体を成すものとして、直ちにこれを公布する。	**（地方自治体の財政及び国の財政措置）** **地方自治体の経費は、条例の定めるところにより課する地方税その他の自主的な財源をもって充てることを基本とする。** **2　国は、地方自治体において、前項の自主的な財源だけでは地方自治体の行うべき役務の提供ができないときは、法律の定めるところにより、必要な財政上の措置を講じなければならない。** **3　第八十三条第二項の規定は、地方自治について準用する。**
	第10章　最高法規	
第九七条	（基本的人権の本質） この憲法が日本国民に保障する基本的人権は、人類の多年にわたる自由獲得の努力の成果であつて、これらの権利は、過去幾多の試錬に堪へ、現在及び将来の国民に対し、侵すことのできない永久の権利として信託されたものである。	（地方自治特別法） **特定の地方自治体の組織、運営若しくは権能について他の地方自治体と異なる定めをし、又は特定の地方自治体の住民にのみ義務を課し、権利を制限する特別法は、**法律の定めるところにより、その地方自治体の住民の投票において有効投票の過半数の同意を得なければ、制定することができない。
第九八条	（憲法の最高法規性、条約及び国際法規の遵守） この憲法は、国の最高法規であつて、その条規に反する法律、命令、詔勅及び国務に関する行為の全部又は一部は、その効力を有しない。	第9章　緊急事態 **（緊急事態の宣言）** **内閣総理大臣は、我が国に対する外部からの武力攻撃、内乱等による社会秩序の混乱、地震等による大規模な自然災害その他の法律で**

	第九九条
2　日本国が締結した条約及び確立された国際法規は、これを誠実に遵守することを必要とする。	（憲法尊重擁護の義務） 天皇又は摂政及び国務大臣、国会議員、裁判官その他の公務員は、この憲法を尊重し擁護する義務を負ふ。
定める緊急事態において、特に必要があると認めるときは、法律の定めるところにより、閣議にかけて、緊急事態の宣言を発することができる。 2　緊急事態の宣言は、法律の定めるところにより、事前又は事後に国会の承認を得なければならない。 3　内閣総理大臣は、前項の場合において不承認の議決があったとき、国会が緊急事態の宣言を解除すべき旨を議決したとき、又は事態の推移により当該宣言を継続する必要がないと認めるときは、法律の定めるところにより、閣議にかけて、当該宣言を速やかに解除しなければならない。また、百日を超えて緊急事態の宣言を継続しようとするときは、百日を超えるごとに、事前に国会の承認を得なければならない。 4　第二項及び前項後段の国会の承認については、第六十条第二項の規定を準用する。この場合において、同項中「三十日以内」とあるのは、「五日以内」と読み替えるものとする。	（緊急事態の宣言の効果） 緊急事態の宣言が発せられたときは、法律の定めるところにより、内閣は法律と同一の効力を有する政令を制定することができるほか、内閣総理大臣は財政上必要な支出その他

第10章　改正	この憲法の改正は、衆議院又は参議院の議員の発議により、両議院のそれぞれの総議員の過半数の賛成で国会が議決し、国民に提案してその承認を得なければならない。この承認には、法律の定めるところにより行われる国	の処分を行い、地方自治体の長に対して必要な指示をすることができる。 2　前項の政令の制定及び処分については、法律の定めるところにより、事後に国会の承認を得なければならない。 3　緊急事態の宣言が発せられた場合には、何人も、法律の定めるところにより、当該宣言に係る事態において国民の生命、身体及び財産を守るために行われる措置に関して発せられる国その他公の機関の指示に従わなければならない。この場合においても、第十四条、第十八条、第十九条、第二十一条その他の基本的人権に関する規定は、最大限に尊重されなければならない。 4　緊急事態の宣言が発せられた場合においては、法律の定めるところにより、その宣言が効力を有する期間、衆議院は解散されないものとし、両議院の議員の任期及びその選挙期日の特例を設けることができる。
第11章　補足	（憲法施行期日、準備手続） この憲法は、公布の日から起算して六箇月を経過した日から、これを施行する。 2　この憲法を施行するために必要な法律の制定、参議院議員の選挙及び国会召集の手続並	
	第一〇〇条	

	びにこの憲法を施行するために必要な準備手続は、前項の期日よりも前に、これを行ふことができる。	民の投票において**有効投票**の過半数の賛成を必要とする。 2　憲法改正について前項の承認を経たときは、天皇は、直ちに憲法改正を公布する。
第一〇一条	（経過規定―参議院未成立の間の国会） この憲法施行の際、参議院がまだ成立してゐないときは、その成立するまでの間、衆議院は、国会としての権限を行ふ。	**第11章　最高法規** （憲法の最高法規性等） この憲法は、国の最高法規であって、その条規に反する法律、命令、詔勅及び国務に関するその他の行為の全部又は一部は、その効力を有しない。 2　日本国が締結した条約及び確立された国際法規は、これを誠実に遵守することを必要とする。
第一〇二条	（経過規定―第一期の参議院議員の任期） この憲法による第一期の参議院議員のうち、その半数の者の任期は、これを三年とする。その議員は、法律の定めるところにより、これを定める。	（憲法尊重擁護義務） **全て国民は、この憲法を尊重しなければならない。** 2　国会議員、国務大臣、裁判官その他の公務員は、この憲法を擁護する義務を負う。
第一〇三条	（経過規定―公務員の地位） この憲法施行の際現に在職する国務大臣、衆議院議員及び裁判官並びにその他の公務員で、その地位に相応する地位がこの憲法で認められてゐる者は、法律で特別の定をした場合を除いては、この憲法施行のため、当然にはその地位を失ふことはない。但し、この憲法によつて、後任者が選挙又は任命されたときは、当然その地	

位を失ふ。		
		附則 （施行期日） 1　この憲法改正は、平成○年○月○日から施行する。ただし、次項の規定は、公布の日から施行する。 （施行に必要な準備行為） 2　この憲法改正を施行するために必要な法律の制定及び改廃その他この憲法改正を施行するために必要な準備行為は、この憲法改正の施行の日よりも前に行うことができる。 （適用区分等） 3　改正後の日本国憲法第七十九条第五項後段（改正後の第八十条第二項において準用する場合を含む。）の規定は、改正前の日本国憲法の規定により任命された最高裁判所の裁判官及び下級裁判所の裁判官の報酬についても適用する。 4　この憲法改正の施行の際現に在職する下級裁判所の裁判官については、その任期は改正前の日本国憲法第八十条第一項の規定による任期の残任期間とし、改正後の日本国憲法第八十条第一項の規定により再任されることができる。 5　改正後の日本国憲法第八十六条第一項、第二項及び第四項の規定はこの憲法改正の施

行後に提出される予算案及び予算から、同条第三項の規定はこの憲法改正の施行後に提出される同条第一項の予算案に係る会計年度における暫定期間に係る予算案から、それぞれ適用し、この憲法改正の施行前に提出された予算及び当該予算に係る会計年度における暫定期間に係る予算については、なお従前の例による。

6　改正後の日本国憲法第九十条第一項及び第三項の規定は、この憲法改正の施行後に提出される決算から適用し、この憲法改正の施行前に提出された決算については、なお従前の例による。

おわりに

二〇一二年、夏。

国立国会図書館の地下から、日本における共和思想の水脈を探る旅はスタートした。

この「旅」を通じて、私が向かい合った近代日本の共和思想家たち—横井小楠、木下尚江、高野岩三郎らは、近・現代史において、どちらかといえば傍流であり、著しく過小評価され、もしくは忘れ去られた人々である。夕方、国会前の脱原発デモに向かう道すがら、彼らの残した地下水脈のような文章を読み進むうち、戦後の日本を覆いつくした「象徴天皇制」という黒いアスファルトの下から、慟哭と嗚咽のようなものが溢れ出してくる気がした。権力によって遺言すら奪われた宮下太吉、幸徳秋水らの孤独を、百一年の時を経て邂逅する旅であった。

日本の近代史において、天皇制を批判した、無名有名の人々の「思想的源流」を遡上する水先案内人をつとめてくれたのは、家永三郎という、戦後の知的巨人だった。本書の中盤部分は、家永との半世紀を経た「対話」「返答」と言っても過言ではない。

浅学非才、学者でもない、在野の研究者にすぎない私が、日本の共和思想の歴史を書くこと自体、そもそも無謀な試みだった。

しかし、日本の思想史の空白地帯を埋めていく作業は、新たな登山ルートの開拓にも似た、知的な快楽を私にもたらしてもくれた。

酒焼けした赤ら顔の横井小楠が「しっかりせぇ」とダミ声で叱咤する。ひげ面の大男の木下尚江が腕組みして睨みつける。沿道では人民服を着た禿頭の徳田求一が手を叩いてしきりに何かをよびかけている。そして終着点で待っていたのは、穏やかな高野岩三郎の笑顔だった。そんな気がした。

駆け足ではあったが、ひとまずは日本における共和思想の系譜をまとめることができて安堵している。

本書は、いまだ正当な評価を受けていない、彼ら「共和主義者群像」へのオマージュ、賛歌でもある。

そして、二〇一三年、春。

記録的な猛暑の夏から数カ月が過ぎた。多少の波はあるが、脱原発を求める運動は、いまなお、全国各地で続けられている。沖縄を中心に、オスプレイの配備と訓練に反対する運動が徐々にではあるが広がりつつある。事態は「持久戦」の様相を呈し始めている。

いっぽうで、年末に行われた総選挙では、自民党が第一党に復帰。これに維新の会が加わり、いよいよ「改憲」が本格化することが予想される。日本における分断と矛盾は一層深まり、最早覆うべくもない亀裂を生じつつある。

良くも悪くも、日本国憲法は、戦後日本に住まう諸雑多な考えを持つ人々の価値観を「統合」し、諸矛盾を取り繕う役割を果たしていた。憲法は、戦後民主主義のあらゆる価値と権威の源《みなもと》であった。憲法は、まさしく「日本国民」の「象徴」だった。

いま、その憲法が機能停止に陥ろうとしている。その渦中において、私は、あえて、憲法の権威と価値を、憲法誕生「前」の視点から根っこを掘り起こすことで、憲法の相対化を試みた。

「余計なことをしやがって……」とお怒りの方もいらっしゃることだろう。だが、浦島太郎の「玉手箱のフタ」は既に開けられてしまったのである。

気がついてみれば六七年の歳月が過ぎていた。そのことを嘆くよりも、いままで顧みようとしなかった思想を丹念に拾い集め、忘れ去られた人々と、もう一度向き合ってみることを、私はお勧めしたい。それとも、脱原発やオスプレイ、改憲などの課題が目白押しで「そんな余裕はない」と再度のお叱りを受けるだろうか。

最後に、紋切り型の終り文句ではなく、本来の意味における「蛇足」として、今後、加速度的に進行するであろう改憲の動きに、「共和主義」的立場から、どのような姿勢で臨むのかを述べておきたい。

国会での改憲勢力が、自民党だけでなく、維新の会、みんなの党、民主党の一部も含め、衆議院の三分の二を占めてしまった。残るは七月の参院選で自民党を中心とした改憲勢力が三分の二以上を占めれば改憲発議は可能になる。

しかし、彼らとて一枚岩ではない。まず、連立を組む公明党は九条の明文改憲に慎重な立場を示している。また、維新の会、みんなの党の憲法観も、天皇元首化や集団的自衛権の行使では自民党と共有する部分はあるが、必ずしも自民党の改憲案に諸手をあげて賛成しているわけではない。加えて、脱原発や消費税などを個別の政策課題をめぐっては大きな隔たりがある。国会運営をめぐって紆余曲折が予想される。

これに対して、純然たる護憲勢力は、衆議院で共産・社民をあわせて僅か一〇人となってしまった。みどりの風や民主党の護憲系の議員をいれても、五〇名には到底及ばない。

私は常々「共和主義は改憲反対運動の分断である」と批難されるのを覚悟していたが、それ以前に、護憲勢力自体が自壊減少してしまった。その責任は彼ら自身にある。事態がここまで悪化すれば、改憲勢力内の主導権争いをたくみに衝いて時間稼ぎする一方で、憲法観の多少の違いは認め、院の内外を超えた反動的改憲の強行阻止の機運を労働者・市民と高めていくことが求められている。

とはいえ、個人的には、自民党の圧勝それ自体にそれほどの脅威を感じていない。自民党は二〇〇五年の小泉内閣の総選挙で圧勝した。しかし、二〇〇九年の総選挙では民主党に大敗。今回は振り子のように揺れて再び自民が政権に復帰した。前述したように、小選挙区制は死票が多く、その政権基盤は決して盤石ではないことが誰の目にも明らかになってしまった。わたしたちはドラスティックな政権交代の「味」を占めてしまったのである。

民主党の三〇〇議席を倒したのは、自民党ではない。鳩山政権を倒したのは沖縄の反基地運動であった。菅・野田の両内閣に引導を渡したのは、脱原発を叫ぶ日本中の人々の声であり、国会前を包囲した一〇万人の市民であった。この事実の持つ意味は限りなく大きい。民衆が直接行動で政権を打倒する術を知ったのは大きな成果である。

まして「二度あることは三度ある」。今後の経済状況に依っては、「アベノミクス」が大幅にダウンし、自民党勢力の失速も十分予想される。安部晋三個人の能力の低さや虚弱体質もさることながら、二〇〇八年のリーマンショックによる新自由主義的な経済政策の失敗の反省をしていない彼らが、謳い文句の「経済政策」で同じ轍を踏む可能性は高い。

脱原発やTPP、オスプレイや沖縄の基地問題などの個別課題と、その根っこにある戦争国家化のための改憲に反対する。シングルイッシューの分断をどのように乗り越えていくかを、今回の総選挙の結果と民意の乖離をふまえて、再度考えて頂きたい。そして、単に内閣を打倒するのではなく、議会制民主主義に決定権を委任する政治制度そのものを直接民主主義に変えていく論議を、今度こそ始めてほしい。

私が危惧するのは、九条を一条にしようとする共和主義的立場からの「改憲論者」を、意見が違うからと言って「排除」しようとする動きである。

繰り返すが、いまや、改憲勢力は自民党だけではない。みんなの党・維新ほか、様々な人たちが政党や個人として改憲案を発表している。国民投票法が成立したのを機に、少なからぬ人々が、旧来の護憲改憲の枠にとらわれず、自分の改憲案を自己主張し始めている。その内容は玉石混合で必ずしも九条改憲で共通しているわけではない。ただ、彼らは、自由民権運動の憲法草案運動に倣って、自分の言葉で改憲案を作り、少しでも自分の主張を社会に反映させたいと考えている（こうした「素人の憲法草案運動」にこそ、自民党改憲とは別文脈での「改憲」の本質的な問題が内在すると私は分析する）。

残念だが、というよりも、悲しい哉、と書くべきか。いまや護憲派は少数勢力になってしまった。しかし、少数であればこそ、考えの違う「他者」を排除せずに、憲法観の違いを認めたうえで、可能な限り連帯を求めていく。護憲を自己目的化するのではなく、とりあえずの「改憲強行阻止」のウイングを広げていく。そこに改憲強行を引き延ばし、反動的改憲勢力を無化させていく可能性があるだろう。

私とて自らの考えに執着して駄々をこねるつもりは毛頭ない。控えるときには控え、協力すべき時には協力する柔軟な対応を心掛ける所存である。その渦中に於いて、天皇元首化反対や、来たるべき共和制論議を、時において行い、継続的に積み重ねていくことが可能であれば、仮に改憲が強行されてしまっても恐れることはないと考える。

「張り子の虎」のような自民党や維新の会よりも、敵は自らに潜むのではないだろうか。

日本における共和思想研究は、まだ始まったばかりである。本書に記載されているのは氷山の一角に過ぎない。今後、日本の共和主義について、さまざまな事実や証言が出てくることであろう。

本書をきっかけに、日本の共和主義のいっそうの深化を期待したい。

西暦二〇一三年三月一一日　　　堀内　哲

参考文献

・中江兆民評論集　松永昌三　岩波文庫
・中江兆民全集
・馬場辰猪全集
・植木枝盛選集　岩波文庫　家永三郎編
・日本の歴史　岩波新書　井上清編
・幸徳秋水選集　岩波書店
・幸徳秋水の政治思想　同志社法学三一－一
・初期社会主義研究一三－一四（二〇〇〇－二〇〇一）宮下太吉と関太郎
・不滅なり！明治の労働運動・社会主義運動　町田勝　ういんぐ
・木下尚江全集　岩波書店
・城泉太郎著作集　長岡市会
・中国の歴史　陳舜臣
・対談 中国を考える　陳舜臣・司馬遼太郎
・坤輿図説　箕作省吾
・海国図志　魏源

・天皇とキリシタン禁制　村井早苗　雄山閣出版
・新撰組　佐藤文明　現代書館
・近代日本の思想家たち　林茂　岩波新書
・近代日本思想案内　鹿野政直　岩波文庫別冊
・日本近代百年史　金森徳次郎・山浦貫一
・秩父事件　井上幸治　中公新書
・自由自治元年　井出孫六　社会評論社
・昭和史全記録　毎日新聞社
・思想四一〇号　一九五八年八月号　岩波書店
・高野岩三郎の「日本共和国憲法私案」　三　信邦　統計学一九九三．九月　経済統計学会
・高野岩三郎「憲法私案」の社会運動史的背景　高橋彦博　社会労働研究一三一一　法大社会学部
・憲法理念から憲法政策へ　高橋彦博　社会労働研究　一九六八年三、四号
・「高野岩三郎伝」考　瓜生忠夫　法學志林一九六九年五，六月
・三田学会　一九六八年七月号　書評「高野岩三郎」飯田鼎
・日本の名著　横井小楠　中央公論社
・「天道覚明論」をめぐる成立背景に関する歴史的考察（一）（二）　堤克彦　市史研究
・横井小楠の交友関係　堤克彦　市史研究　一九九二年三月
・横井小楠の暗殺をめぐる事件と「天道覚明論」をめぐる問題　源了園

・榎本武揚と「共和国」　榎本守恵　歴史への招待　日本放送出版協会
・朝令暮改の新政府の宗教政策　田中彰　歴史への招待　日本放送出版協会
・邪馬台国の外交　大庭脩　歴史への招待　日本放送出版協会
・日本共産党綱領集　日本共産党中央執行委員会出版局
・写真記録集　日本共産党の六〇年　日本共産党中央執行委員会出版局
・日本共産党の研究　立花隆　文藝春秋社
・日本共産党創立史話　高瀬清　青木書店
・日本共産党はどこへ行く？　いいだもも　論創社
・日本共産党史　日本共産党中央委員会出版局
・「改憲」異論　ピープルズプラン研究所　現代企画室
・世界憲法集　高橋和之編　岩波文庫
・アジア憲法全集　明石書店
・一九九三年憲法を持った国　アンドラ公国　レファンス
・サンマリーノ共和国の「憲法」　阪上眞千子　日伊文化研究四九号　二〇一一年三月　日伊協会
・サンマリーノ共和国の裁判・序論　阪上眞千子　阪大法学
・サンマリノ共和国　ジョゼッペ・ロッシ　日商データバンク
・サンマリノ共和国小史　ジョゼッペ・ロッシ　日本国際問題研究所　一九八七年
・法學論叢　京都大学法學會七〇巻六号　一九六二年三月

・天皇と東大　立花隆　文藝春秋社
ほかネット資料など多数

著者略歴

堀内　哲（ほりうち・さとし）

1970年長野県生まれ。早稲田大学卒業。出版社、大学図書館等に勤務しながら日本における共和思想の可能性を研究する。

共著に、『天皇条項の削除を！』(JCA出版)、『いま、「共和制日本」を考える』(第三書館)。

日本共和主義研究

――「九条」の思想がサンマリノに生きている

2013年5月3日　　初版第1刷発行

著　者	堀内　哲
発行者	高井　隆
発行所	株式会社同時代社 〒101-0065　東京都千代田区西神田2-7-6 電話 03(3261)3149　FAX 03(3261)3237
組　版	有限会社閏月社
装　幀	クリエイティブ・コンセプト
印　刷	モリモト印刷株式会社

ISBN978-4-88683-743-1